FATIGUE

미육군 퍼티그 유니폼 가이드
1919-2019

THANKS TO
고마운 분들

나의 부모님

제작에 도움을 주신
김민찬님 / 박종래님 / 이준석님 / 김철민님
At The Front의 오너이자 2차세계대전 군장 수집가 Mr. Rollin Curtis.

구광모 님 / 김진영 님 / 오규식 님
박이삭 님 / 정진오 님 / Marco "Stalky US Militaria"
김다은 님 / 김수현 님 / 김요섭 님 / 김준영 님
김진영 님 / 김형준 님 / 되니츠 님 / 박준영 님
신시욱 님 / 유준안 님 / 이기훈 님 / 이원영 님
이진현 님 / LONEWOLF 님

AUTHOR'S NOTE
저자의 말

이 책은 최초 미 육군 퍼티그 유니폼의 기본적인 정보만 담은 '가벼운' 입문서로 기획되었습니다. 하지만 다른 의복을 모두 제외하고 '미 육군'의 '퍼티그 유니폼'만을 다뤘음에도, 1차세계대전 이후의 100년간만의 의복과 흐름을 조망하다 보니 생각보다는 큰 볼륨의 책이 되어 버렸습니다.

다양한 매체로 파편화되어 흩어진 미군의 복제와 개별 의복에 대한 정보를 수집하는 것은 이전보다 많은 정보가 디지털화되어 일반에게 공개된 2020년대에도 여전히 쉽지 않은 일입니다. 어느 정도 수준 이상의 연구와 검증을 위해서는 단순히 실물 의복을 수집하는 것을 넘어 발주 사양서나 운용 연구 보고서와 같은 기록의 확인이 필수이지만, 극히 일부분의 디지털 아카이브화된 자료를 제외하면 대부분이 현지에서 아날로그 자료로만 보관되고 있습니다. 이러한 이유로 실질적으로는 대부분의 자료를 해외의 2차, 3차 사료에 의존할 수밖에 없는 것이 현실로, 원하는 수준의 정보를 손에 넣는 것조차 생각보다는 쉽지 않은 일이었습니다.

이 책이 다소 부족한 점이 있을지 모르지만, 일반 독자들에게는 쉽게 접하기 어려운 흥미로운 내용을 담은 특수 교양서이자 군복의 매력을 발견할 수 있는 시작점이, 군복 매니아와 연구자들에게는 더 깊이 있고 건설적인 연구와 논의가 이루어질 수 있는 자극이자 계기가 되었으면 합니다.

목차

		일러두기	6
		의류 용어 사전	9
Chapter	0	서문	13
Chapter	1	데님 퍼티그 유니폼	18
		1919년형 블루 데님 유니폼	22
		1940년형 블루 데님 유니폼	30
Chapter	2	HBT 퍼티그 유니폼	40
		1941 HBT 유니폼	46
		1943 HBT 유니폼	54
Chapter	3	유틸리티 유니폼	84
		1947 HBT 퍼티그 유니폼	90
		OG-107 유틸리티 유니폼	98
		OG-507 유틸리티 유니폼	116
Appendex		개조된 유틸리티 유니폼	124
Chapter	4	TCU	128
		TCU	134
Chapter	5	BDU	168
		HWU	176
		BDU	184
Chapter	6	ACU	228
		ACU	234
		IHWCU	254
		퍼티그 유니폼 연표	262
		참고문헌	266

일러두기

수록 의복의 범주

이 책은 **미 육군 전투복과 작업복에 대한 입문서**입니다. 100여 년의 범위 내의 모든 의복을 다소 간략하게 수록하고 있으며, 때문에 특정 시대/의복에 대한 상세 정보는 국내외 전문 서적 및 연구 결과들을 참고하는 것을 추천합니다.

이 책에 수록된 의복들은 소규모(수백 벌 이하)로 생산된 다양한 시험형, 프로토타입 의복들은 제외한 대량 생산되어 공식적으로 지급된 의복들에 한정되어 있습니다. 또한 의복별 세세한 변형들은 지면들도 분량과 구성의 문제로 간단하게 언급하거나 생략되어 있습니다.

이 책에 수록된 의복들은 미군 중 '미 육군'에서 도입했던 작업복과 전투복에 한정하고 있습니다.

의복 구분의 기준과 명칭

이 책에 수록된 의복 패턴의 명칭과 구분은 미 육군의 분류를 제1기준으로, 전 세계 연구자 및 수집가들 사이에서 통용되는 기준을 제 2기준으로 삼았으며 저자의 주관으로 두 가지를 조율해 적용했습니다. 의복 구분의 기준은 미 육군의 사양서와 계약 번호별 변화를 기준으로 삼아 등장 시기 순서대로 '세대(Generation)'로 구분했으며 지나치게 복잡해지는 것을 막기 위해 일부는 하위 분류로 초, 중, 후기형으로 구분했습니다.

의복의 명칭은, 미 육군의 공식 명칭들은 따랐으나, 완전히 다른 의복임에도 동일 혹은 유사한 명칭을 부여하는 등 직관적이지 못한 경우가 많습니다. 이 때문에 이 책에서는 명확한 구분을 위해 후대 연구자들이 구분을 위해 명명한 의복 명을 사용해 의복별로 전자와 후자를 병기하고 있습니다.

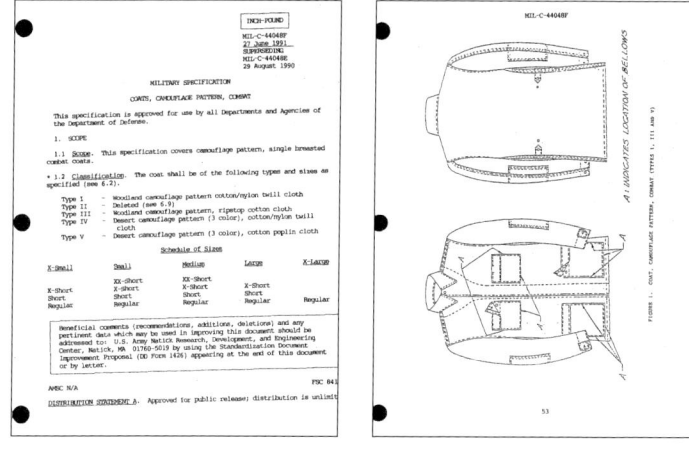

사진 1   미군이 의복 발주마다 발급하는 사양서(Military Specification Sheet)의 예. (BDU 재킷의 사양서)

의복의 연도 표기

이 책에 수록된 의복 관련 년도는 미국 연방정부의 회계연도를 기준으로 삼고 있습니다. 1976년까지는 매년 7월 1일부터 이듬해 6월 30일까지가 기준이며, 1977년 이후부터는 10월 1일부터 이듬해 9월 30일까지가 기준입니다. 기본적으로 의복 사양서를 기준으로 하되, 공개된 사양서가 없을 경우 의복의 케어 라벨이나 스탬프에 표기된 패턴 도입 날짜 혹은 계약 번호를 기준으로 삼기도 했습니다. 그 외에도 미 정부의 공식 보도 자료를 참고하기도 했습니다.

다만 이러한 문서상 도입 연도들은 실제 생산 시점 및 생산 및 물류과정의 행정 절차적/물리적 한계로 인해 일반적으로 실제 현장 보급 및 사용 시기와는 차이가 발생할수 있습니다. 전시 급박한 상황에서도 수개월, 평시에는 수년에 이르는 오차가 일반적이기에 주의가 필요합니다.

의복의 색상

미군 의복들은 2차세계대전 이후 대부분 군의 소요를 반영한 특정 색상 코드를 부여받아 해당 색상으로 염색된 원단을 사용하도록 관리되었습니다. 하지만 염색 기술과 품질관리의 한계로 인해 동일 사양에서도 개체별 색감 차이는 흔히 발생했으며, 이는 기술이 발전한 현대에도 간혹 발생하는 문제입니다. 게다가 최초 생산 시점 이후 현재까지의 시간 차이와 사용과 보관 시의 외부 요소들로 인해 사양서의 색상이 온전히 발현되기는 어렵습니다.

이 때문에 의복의 정확한 색상을 파악하기 위해서는 지엽적으로 의복 개체별 색상에 주목하기보다는 의복 사양서에 기록된 문서상의 사양에 주목하는 작업이 선행되어야 합니다.

용어

이 책에 수록된 미군 군사 및 의복 관련 용어는 한국과 미국의 문화와 제도의 차이로 인해 1:1로 대응하는 용어를 찾기 어려운 경우가 많아 통일성을 위해 대부분을 외래어 음차 표기했습니다.

마찬가지로 의복 관련 용어는 국내에서 일반적으로 외래어 음차로 표기되거나 전혀 사용되지 않는 용어가 많고, 무리해서 번역했을 때 되려 이해하기 어려운 경우가 많기에 통일성을 위해 일괄 외래어 음차 표기했습니다. 다만 국내에서 한국어 표기가 더 흔히 쓰이는 일부 용어들은 한국어 표기했습니다.

사진의 출처와 저작권

이 책에 수록된 대부분의 참고 자료 사진은 미국 국립문서기록관리청(National Archive and Records Administration)을 비롯한 미 정부 디지털 아카이브를 출처로 하고 있습니다. 그 외 출처는 캡션에 직접 출처 표기했습니다.

대부분의 실제 의복 사진은 저자가 소장 중인 실제 군용 의복들이 사용되었으나 일부 고증이 검증된 재현품도 사용되었습니다.

의류 용어 사전

카고 포켓 (Cargo Pocket)

일반적으로 측면에 주름이 잡혀 있는 뚜껑이 달린 대형 주머니.

패치 포켓 (Patch Pocket)

옷 위에 따로 천을 대어 붙인 주머니.

웰트 포켓 (Welt Pocket)

입구의 가장자리에 추가 원단으로 마무리 작업을 한 주머니.

사이드 포켓 (Side Pocket)

옷의 허리 부분 이음선을 이용해 만들어진 주머니.

플랩 포켓 (Flap Pocket)
뚜껑이 달린 주머니.

거셋 (Gusset)
재킷, 셔츠 등의 겨드랑이 밑 등 원단이
이어진 틈새에 덧대어진 원단 조각.

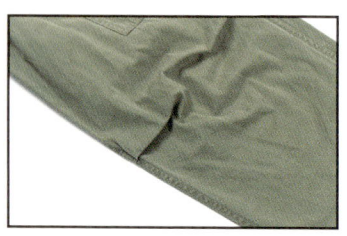

다트 (Dart)
의복의 일정한 부분에 주름을 잡아
입체적으로 만든 것.

사이드 어드저스터 (Side Adjuster)
허리의 너비를 조절할수 있도록 바지
옆면에 부착된 밴드.

바이 스윙 백 (Bi Swingback)
겉옷 후면 상단 양쪽에 주름을 넣어
팔의 가동범위를 늘려주는 구조.

신치 백 (Cinch back)
벨트고리가 발명되기 전에 쓰이던 바지 뒷면에 부착되는 허리 크기 조절용 스트랩.

버튼 플라이 (Button Fly)
단추를 사용하는 바지 앞 트임 여밈의 종류.

지퍼 플라이 (Zipper Fly)
지퍼를 사용하는 바지 앞 트임 여밈의 종류.

풀오버 (Pullover)
상의의 한 종류로 상체 위에서부터 착용해 머리를 빼내는 형태의 의류. 스웨터나 점퍼 등이 해당된다.

커프스 (Cuffs)
셔츠나 블라우스 등의 소맷부리의 총칭.

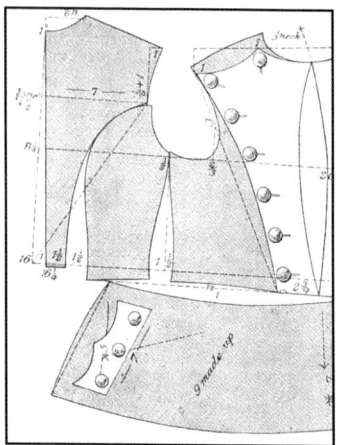

사진출처 : 「The Cutter's Practical Guide to Cutting & Making of all kinds of British Military Uniforms, Vol.13」(1902)

패턴(Pattern)

의류 용어에서는 보통 의복을 제작할 때 소재를 재단하기 위한 종이 옷본을 의미한다. 그 밖에도 여러 가지 의미가 있지만, 이 책에서는 옷본이라는 의미로 사용한다.

CHAPTER 0
서문

퍼티그(Fatigue) 임무와 퍼티그 유니폼

21세기에 들어 서구식 복제를 추종하는 대부분 국가의 군대에서는 표준 전투복을 설정하여 전투와 훈련 및 각종 작업에 사용하며 그 외의 임무에는 정복, 예복, 근무복 등 목적에 맞는 의복을 지급하는 것이 일반적이다. 하지만 19세기 초까지만 해도, 한가지 종류의 군복을 모든 임무에 사용하는 것이 일반적이었다. 당시의 군복은 현대의 기준에서는 사관학교의 제복과도 같은 각 잡히고 화려한 의복이었는데, 군기 확립과 사기 진작을 통한 대오의 유지가 병사 개인의 기동과 편의보다 훨씬 중요시 여겨졌던 전근대 전장에서는 이러한 활동하기에 불편한 군복이 큰 문제가 되지 않았으며 오히려 아군의 사기 고취 및 피아식별과 병력 통제에 장점이 있었다. 하지만 문제는 다른 곳에 있었다.

군대에서는 전투 및 훈련이나 각 잡힌 퍼레이드뿐 아니라 그 외의 토목, 청소, 요리와 같은 각종 작업 소요가 발생한다. 이러한 군대 내부의 잡일들을 부르는 군사 용어가 바로 피로(疲勞)를 의미하는 영어 단어 Fatigue에서 유래된 '퍼티그 임무(Fatigue Duty)'이다. 퍼티그 임무는 군대라는 조직의 유지를 위해 병사들이 필연적으로 해야만 하는 임무로서 존재해 왔다. 하지만 앞서 언급했듯이 한 종류의 군복만을 지급받았던 당시의 병사들은 그 화려한 군복을 입고 이런 퍼티그 임무를 수행해야 했는데, 물론 현장에서도 겉옷을 벗는 등 최대한의 편의성을 위해 노력하긴 했지만 불편함과 비효율은 물론이고 몇 벌 지급되지 않던 군복의 소모도 감내해야 했다.

이러한 문제로 인해 19세기경부터는 퍼티그 임무를 위한 격식 없고 활동하기 편한 별도의 의복이 지급되기도 했는데, 19세기 초 영국 육군에 지급된 퍼티그 임무를 위한 Forage cap(각 잡히지 않은 짧은 챙 모자)과 헐렁한 면직 바지가 그 예이다. 이러한 퍼티그 임무용 의복들은 영내 주둔이나 잡일 또는 행군 시에만 착용할 수 있는 특수 의류 취급을 받았다.

20세기 이전 미군의 퍼티그 유니폼

미군에서는 1833년 전투복으로 도입된 라운드어바웃(Roundabout, 기장이 짧은 재킷) 형태의 1833년형 셸 재킷이 퍼티그 임무용으로 지정된 것을 시작으로 19세기 동안 색코트(Sack coat)와 같은 전투용 겉옷들이 퍼티그 임무 겸용으로 지정되었다. 19세기에 들어 도입된 이러한 겉옷들은 육체 활동을 상정해 당시 기준으로 이전 시기의 군복들 보다는 넉넉하고 편안하게 설계되긴 했지만, 여전히 울 재질의 원단이나 전투용 의복을 작업복으로 겸하는 형태의 작업용 외투라는 개념 등 현대적인 작업복과는 다소 거리가 있었다.

현대적인 퍼티그 유니폼의 시발점이 되었던 미 육군의 의복은, 본래 기병대

사진 1　1833년형 셸 재킷을 착용한 멕시코-미국 전쟁 당시의 미 육군 기병과 보병의 일러스트.

사진 2 스페인-미군 전쟁 중 전투복 사용된 1887년형 색코트(Sack Coat)를 착용한 미 육군 병사들. 색코트는 19세기 후반 미 육군의 상징과도 같은 군복이었으며 전투복은 물론 퍼티그 임무에도 사용되었다.

의 마굿간 청소용으로 도입된 1884년형 퍼티그 유니폼이었다. 재킷과 바지로 구성된 이 투피스 작업복은 갈색 염색된 내구성 있는 면 직물, 캔버스 덕(Canvas Duck) 원단과 활동적인 임무에 적합한 패턴이 적용되어 현장에서 애용되었으며, 애초 상정한 용도를 넘어선 일반 퍼티그 임무 및 전투에 사용되기도 했다.

1884년형 퍼티그 유니폼 이후로 미 육군은 이러한 투피스 형태의 퍼티그 유니폼을 꾸준히 개발, 지급하기 시작했으며, 1908년에는 캔버스 원단보다 부드러우면서도 튼튼해 민간에서 작업복 재질로 흔히 사용되던 데님(Denim) 원단을 도입하는 등 지속적으로 발전시켜 나갔다.

2차세계대전 직전의 미 육군의 복제 상황

20세기 미 육군의 복제는, 크게 일종의 표준 군복인 서비스 유니폼과 작업복인 퍼티그 유니폼의 두 가지로 구성되었다. 서비스 유니폼(Service Uniform, 복무복)은 상황에 따라 단독 군장과의 결합이나 휘장의 탈착을 통해 근무복과 전투복, 사병은 정복의 역할까지 겸할수 있는 일종의 다목적 전투복으로, 시간 및 비용 절감을 위해 다양한 임무에 한 가지 의복만을 지급한다는 개념이었다. 하지만 서비스 유니폼은 아직은 전근대적이었던 당대 일반적인 군복들의 설계 사상을 그대로 답습했기에 군의 상징적인 모습에 치중한 '퍼레이드형 군복'이었으며, 가장 중요한 현대 전장에서의 전투복로서는 썩 부합하지 못했으며, 이미 당대에도 전투복뿐 아니라 어느 역할도 충분히 만족시킬 수 없는 어중간한 의복이라는 평가를 받고 있었다. 다만 이것은 미 육군만의 문제는 아니었는데, 당대 서구 대부분의 군대들이 서비스 유니폼과 유사한 전근대적 군복 기반의 '표준 군복' 체계를 유지했기 때문이다.

하지만 미 육군도 1917년에서 1918년까지 1차세계대전에 참전해 본격적인 현대전을 경험하게 된 이후에는 서비스 유니폼의 비효율성과 개선 필요성을 체감하게 되었다. 그 때문에 1차세계대전 이후 전쟁 이전 규모로의 대규모 군축과 1920년대 말의 대공황이 겹친 악재 속에서도 미 육군은 1926년부터의 복제 현대화 작업을 포기하지 않고 진척시켜 나갔으며, 결국 1930년대 말에는 1차세계대전 당시보다는 현대화된 신형 복제를 개발, 도입할 수 있었다.

하지만 개별 의복이 다소 현대적으로 개선되었다고 해도 상반된 임무들을 한 가지 의복으로 모두 대체한다는 서비스 유니폼의 명제 자체는 여전히 모순적이었기 때문에 근본적인 문제는 해결 되지 못한 채였다. 미 육군

사진 3   '신형' 하계 서비스 유니폼과 단독 군장을 착용한 1930년대 말 미 육군 보병의 모습.

이 이러한 문제를 해결하고 비효율적인 서비스 유니폼 체계에서 벗어나기 위해서는 2차세계대전의 실전 경험은 물론 새로운 개념의 의복 체계가 필요했다.

CHAPTER 1
블루 데님 퍼티그

Uniform, Working, Denim, Blue. (Pattern 1919)
01-I 1919년형 블루 데님 퍼티그

28 상의 - Jumper, Working, Denim, Blue
30 하의 - Trousers, Working, Denim, Blue

Uniform, Working, Denim, Blue. (Pattern 1940)
01-II 1940년형 블루 데님 퍼티그

36 상의 - Jacket, Working, Denim, Blue
38 하의 - Trousers, Working, Denim, Blue

ABOUT
블루 데님 퍼티그 유니폼

데님 원단의 유래와 도입

오늘날 흔히 청바지 원단으로 알려진 데님(denim) 원단은 프랑스의 도시 님(Nîmes)에서 직조되었던 능직 직물인 'Serge de Nîmes'에 그 기원을 두고 있다. 데님은 당대의 일반적인 면 직물들보다 가볍고 통기성이 좋으며 내구성도 뛰어나 미국에서는 이미 19세기 말부터 민간 작업복에 흔히 사용되고 있었다.

미 육군은 19세기 말까지도 군용 천막 등에 사용되는 무겁고 거친 면 직물인 캔버스 덕(Canvas Duck) 원단을 적용한 퍼티그 유니폼을 사용했으나, 1908년 해안포병대를 시작으로 데님 원단을 적용한 퍼티그 유니폼을 도입하기 시작했다. 이때 도입된 미 육군 최초의 데님 퍼티그 유니폼인 1908년형 데님 퍼티그 유니폼은 민간 작업복은 물론 당대 군용 의복에서 흔히 보이는 형태인 풀오버 형태의 3 포켓 점퍼와 바지로 구성되어 있었다. 캔버스보다 가볍고 편안하면서 내구

사진 1-1 1908년형 데님 퍼티그 점퍼(좌)와 1917년형 데님 퍼티그 재킷(우)를 착용하고 훈련중인 미 육군 해안포대 병사들. (1918년 장소 미상)

성도 뛰어난 데님 원단 덕분에 데님 퍼티그 유니폼은 곧 해안포병대뿐만 아니라 미 육군 전체로 퍼져나갔으며, 캔버스 덕 퍼티그 유니폼들을 대체해 나갔다.

이후 미 육군의 데님 퍼티그 유니폼은 1917년에 잠시 재킷 형태의 1917년형 데님 퍼티그 유니폼으로 대체되었지만, 미국의 1차세계대전 참전과 함께 최종적으로는 다시 풀오버 형태로 회귀한 1918년형 데님 퍼티그 유니폼이 도입되었다. 1918년형 데님 퍼티그 유니폼은 전쟁 이후 색상만 푸른색으로 고정된 1919년형 데님 퍼티그 유니폼으로 대체되었으며 이후 1940년에 신형 패턴이 등장하기 전까지 20여 년간 사소한 변화 외에는 그대로 사용되었다.

흔히 '데님'에서 연상하는 이미지가 푸른색 '인디고블루' 색상임에도 1910년대까지 미 육군에서 블루 데님 퍼티그 유니폼은 해안포대와 후방 병력 등 일부에만 지급되었으며 일선 전투 병력은 주로 갈색이나 올리브색상으로 염색된 데님 퍼티그 유니폼을 지급받았다. 1919년 이후 염색된 데님 원단의 재고가 소모된 이후에야 블루 데님 퍼티그 유니폼이 전 군에 지급되기 시작했다.

2차세계대전 이전의 데님 퍼티그 유니폼

1919년형 블루 데님 퍼티그 유니폼의 상의는 풀오버 형태의 점퍼로 설계되어 입고 벗기 불편한 데다 내구성 문제도 있어 작업복으로서 썩 만족스럽지는 못했다. 하지만 미 육군의 예산이 1차세계대전 이후 군축과 1920년대 말의 대공황으로 인해 풍족하지 못했기 때문에, 가격 및 생산 효율을 이유로 1940년까지도 사소한 패턴 변경이 적용되었을 뿐 변화 없이 그대로 사용되어야 했다.

개선된 신형 데님 퍼티그 유니폼 도입의 계기는 1939년 유럽에서 발발한 2차세계대전이었다. 유럽이 포화에 휩싸이고 나치 독일이 손쉽게 프랑스를 점령한 상황에 위기를 느낀 미국은 1940년 최초의 평시 징병법을 시행하게 되었고, 이에 미 육군의 규모와 예산이 큰 폭으로 늘어남에 따라 미 육군은 마침내 현장의 피드백을 수용한 신형 퍼티그 유니폼을 도입할 여력을 갖출 수 있었다. 이렇게 등장한 것이 바로 **1940년형 데님 퍼티그 유니폼**이다. 불만이 많았던 풀오버 형태의 점퍼는 앞섶 여밈이 있는 재킷으로 대체되었으며 바지도 서비스 유니폼의 패턴을 활용한 일반 군복바지와 유사한 새로운 패턴이 도입되었다.

하지만 미 육군은 1940년형 데님 퍼티그 유니폼의 도입 와중에도 이미 궁극적으로 블루 데님 퍼티그 유니폼 계열을 대체할 새로운 퍼티그 유니폼의 계획을

사진 1-2　데님 퍼티그 유니폼을 착용한 극동 주둔 미 육군 장병들. 1919년형 및 1940년형이 혼재되어 있다. (1941년 필리핀)

끝마친 상태였다. 게다가 불과 1년여 뒤 진주만 공습으로 인해 미국이 2차세계대전에 직접 참전하게 되며 새로운 퍼티그 유니폼으로의 대체는 더욱 빠르게 진행되었다. 결국 1년 뒤인 1941년 말에 신형 퍼티그 유니폼이 도입되었으며, 기존 데님 퍼티그 유니폼들은 점차 일선에서 물러나기 시작해 1942년경부터 이미 후방이나 본토에서의 작업 및 훈련용으로 소모되기 시작했다.

블루 데님 퍼티그 유니폼들은 미군 이외에도 미국 행정부가 뉴딜정책의 일환으로 1930년대에서 1942년까지 운영한 근로 구제 프로그램인 CCC(Civilian Conservation Corps, 민간 보존단)의 제복으로 도입되기도 했기 때문에 미국에서는 CCC를 상징하는 의복이 되기도 했다. 일부 재고는 전쟁 중 포로수용소의 포로 복으로 소모되기도 했다.

+

블루 데님 퍼티그 유니폼들은 그 이전 퍼티그 유니폼들과 마찬가지로 울/면 재질의 서비스 유니폼 위에 착용할 수 있도록 다소 넉넉한 패턴으로 설계되었다.

　육체 활동에 최적화된 퍼티그 유니폼의 특성과 그 편의성으로 인해 퍼티그 임무뿐 아니라 훈련 시에도 서비스 유니폼의 소모를 줄이기 위해 사용되기도 했으며, 일부 전투 시 착용되는 경우도 있었다. 하지만 블루 데님의 푸른색은 후방과 같은 비전투 시의 퍼티그 임무만을 상정한 색상으로 위장성능이 매우 떨어졌기 때문에 야전에서의 활용에는 제약이 있었다.

이전 퍼티그 유니폼들과 마찬가지로 퍼티그 임무가 할당된 사병들에게만 지급되었으며 장교는 지급받지 않았다.

일반적인 투피스 형태의 데님 퍼티그 유니폼 외에도 원피스 형태의 퍼티그 유니폼도 함께 도입되었으나, 정비병이나 기갑/항공 승무원과 같은 특정 병과를 위한 것이었다. 이렇게 투피스와 원피스로 이원화된 퍼티그 유니폼 체계는 현재까지도 이어져 오고 있다.

Section 01 - I
1919년형 블루 데님 퍼티그 유니폼

의 복 명   Jumper/Trousers, Working, Denim, Blue.
　　　　　　블루 데님 작업복
　　　　　　1919년형 블루 데님 퍼티그 유니폼
도입연도   1919년
원단재질   데님(면)
원단색상   인디고블루(푸른색)

1919년형 블루 데님 퍼티그 유니폼은 1차세계대전 말기에 도입되었던 1918년형 데님 퍼티그 유니폼에서 원단 색상만 블루 데님 단독 사양으로 변경한 의복이다. 다만 1930년대 미군의 제복 현대화 기간 동안 사소한 패턴 수정들이 있었기에 수정된 패턴 년도를 따서 '1933년형' 또는 '1937년형'이라고 불리기도 한다.

　　1930년대 이전 군복 상의에서 흔히 보이는 풀오버 형태의 점퍼와 민간 오버올 작업복을 참고한 바지로 구성되었다.

울 서비스 유니폼 위에 1919 블루 데님 퍼티그 유니폼을 착용한 미 육군 병사. (1930년대 말)

1919년형 블루 데님 퍼티그 점퍼

1919년형 블루 데님 퍼티그 바지

비 고	QMC NO.(미 육군 병참대 사양번호) 6-125
의 복 명	Jumper, Working, Denim, Blue
	1919년형 블루 데님 퍼티그 점퍼
도입연도	1919년
원단재질	데님
원단색상	인디고블루

원형이 되는 1918년형 데님 퍼티그의 패턴과 동일한 패턴의 상의로 1930년대까지 군용 의복에서 자주 확인되는 풀오버 형태가 적용되었다.

풀오버 형태는 입고 벗기에 불편했으며 재킷 형태보다 내구성과 편의성이 떨어졌다. 특히 중앙 여밈 아래쪽이 수직으로 찢어지는 파손이 자주 보고되었다. 측면에 입구가 있는 가슴의 직사각형 패치 포켓도 사용이 불편하다는 의견이 많았다. 하지만 생산 비용 및 효율을 이유로 20여 년간 거의 패턴 수정 없이 사용되었으며 이러한 문제들은 미군 최후의 데님 퍼티그 유니폼인 1940년형 데님 퍼티그 유니폼에 가서야 해결된다.

(1) 풀오버 형태가 적용되었다.
(2) 단추 3개로 구성된 셔츠형 컨버터블 칼라와 셔츠형 커프스가 적용되었다.
(3) 가슴에는 안쪽 측면에 입구가 있는 한쌍의 사각형 패치 포켓이 적용되었다.
(4) 원단에 리벳된 원형 금속 단추가 적용되었다.

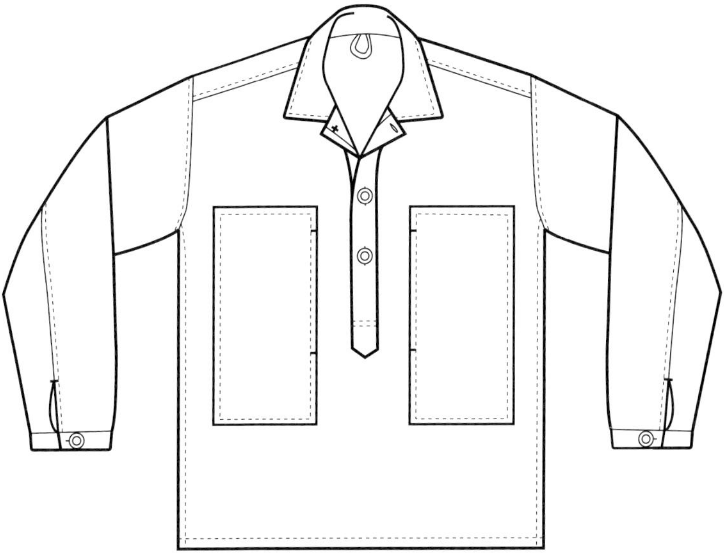

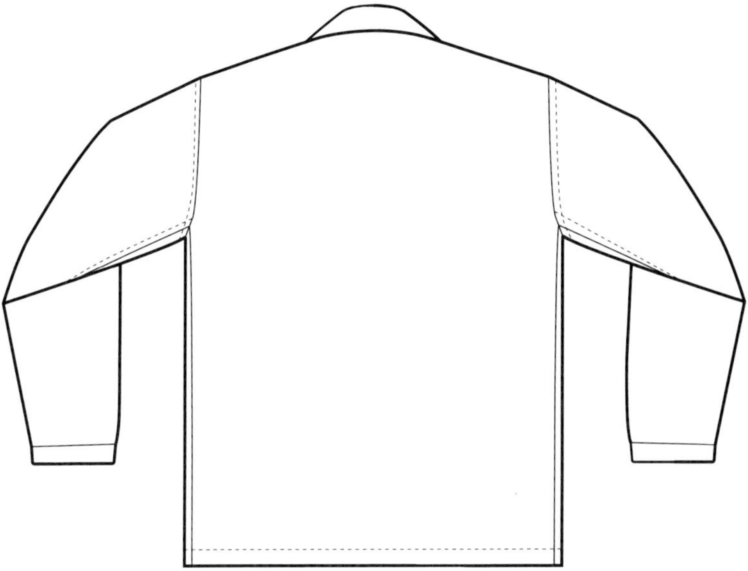

29

비 고	QMC NO.(미 육군 병참대 사양번호) 6-124A
의 복 명	Trousers, Working, Denim, Blue
	1919년형 블루 데님 퍼티그 바지
도입연도	1919년
원단재질	데님
원단색상	인디고블루

전면과 후면의 패치포켓과 후면의 신치 백 등 당대 민간 멜빵바지 작업복 바지에서 따온 요소들이 많은 바지였으며 실제로도 민간 작업용 멜빵바지를 참고해 제작되었다.

---

(1) 바지 여밈은 맨 윗 단추 외에는 히든 처리된 버튼 플라이가 적용되었다.
(2) 전면에는 한쌍의 패치 포켓이 적용되었으며 우측 패치포켓 안쪽에는 소형 패치포켓이 추가로 적용되었다.
(3) 후면에는 한쌍의 오각형 패치 포켓이 적용되었다.
(4) 후면 상단 중앙에는 신치 백이 적용되었다.
(5) 원단에 리벳된 원형 금속 단추가 적용되었다.

Section 01 - II
1940년형 블루 데님 퍼티그 유니폼

의 복 명   Jacket/Trousers, Working, Denim, Blue
             블루 데님 작업복
             1940년형 블루 데님 퍼티그 유니폼
도입연도   1940년
원단재질   데님(면)
원단색상   인디고블루(푸른색)

1940년형 블루 데님 퍼티그 유니폼은 단추식 여밈이 있는 재킷과 바지로 구성된 미 육군의 최후기 블루 데님 퍼티그 유니폼이다. 이전 패턴에서 사용하기 불편한 풀오버 형태와 가슴 주머니로 인해 불만이 많았던 상의는 하단 패치 포켓이 적용된 일반적인 재킷 형태로 대체되어 편의성이 개선되었으며, 바지는 서비스 유니폼 패턴을 활용해 다소 민간 바지와 흡사한 형태로 대체되어 생산 효율 및 생산량 증대를 꾀했다.

    1940년형 블루 데님 퍼티그 유니폼은 도입직후인 1941년에 미 육군이 새로운 원단을 적용한 신형 퍼티그 유니폼을 도입함에 따라 비교적 짧은 시간동안만 생산되었다.

1940 블루 데님 퍼티그 유니폼을 착용한 미 육군 병사. (1940년대 초)

1940년형 블루 데님 퍼티그 재킷

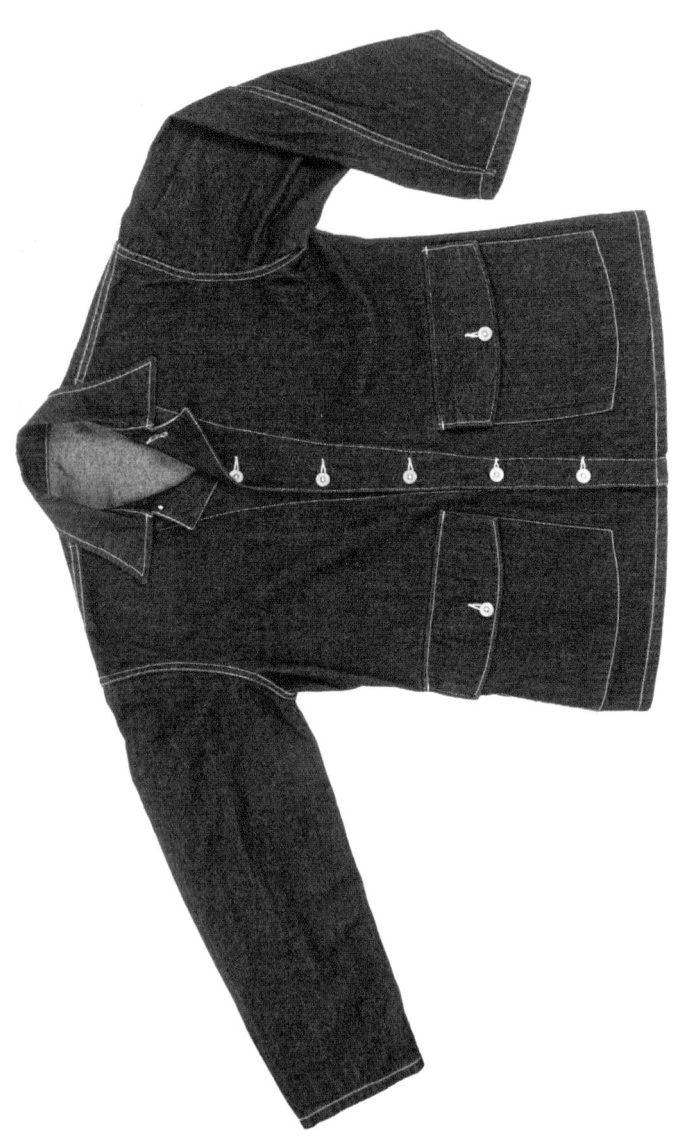

1940년형 블루 데님 퍼티그 바지

비　　고	QMC NO.(미 육군 병참대 사양번호) 6-125B
의 복 명	Jacket, Working, Denim, Blue 1940년형 블루 데님 퍼티그 재킷
도입연도	1940년
원단재질	데님
원단색상	인디고블루

기존 1919년형 데님 퍼티그의 현장 피드백이 반영되어 디자인된 새로운 패턴의 데님 퍼티그 상의이다. 풀오버 디자인 대신 단추 여밈의 재킷 디자인이 적용되었으며 의복명도 '재킷'으로 변경되었다. 또 다른 문제점이던 가슴의 사각 패치 포켓도 단추로 닫히는 일반적인 육각형 패치 포켓으로 변경되어 무난한 작업복으로 완성되었다.

---

(1) 셔츠형 컨버터블 칼라가 적용되었으며 소맷단의 커프스는 삭제되었다.
(2) 앞섶에는 노출형 단추 여밈이 사용되었다.
(3) 하단에는 한쌍의 오각형 패치 포켓과 단추 1개로 고정되는 오각형 뚜껑이 적용되었다.
(4) 원단에 리벳된 원형 금속 단추가 적용되었다.

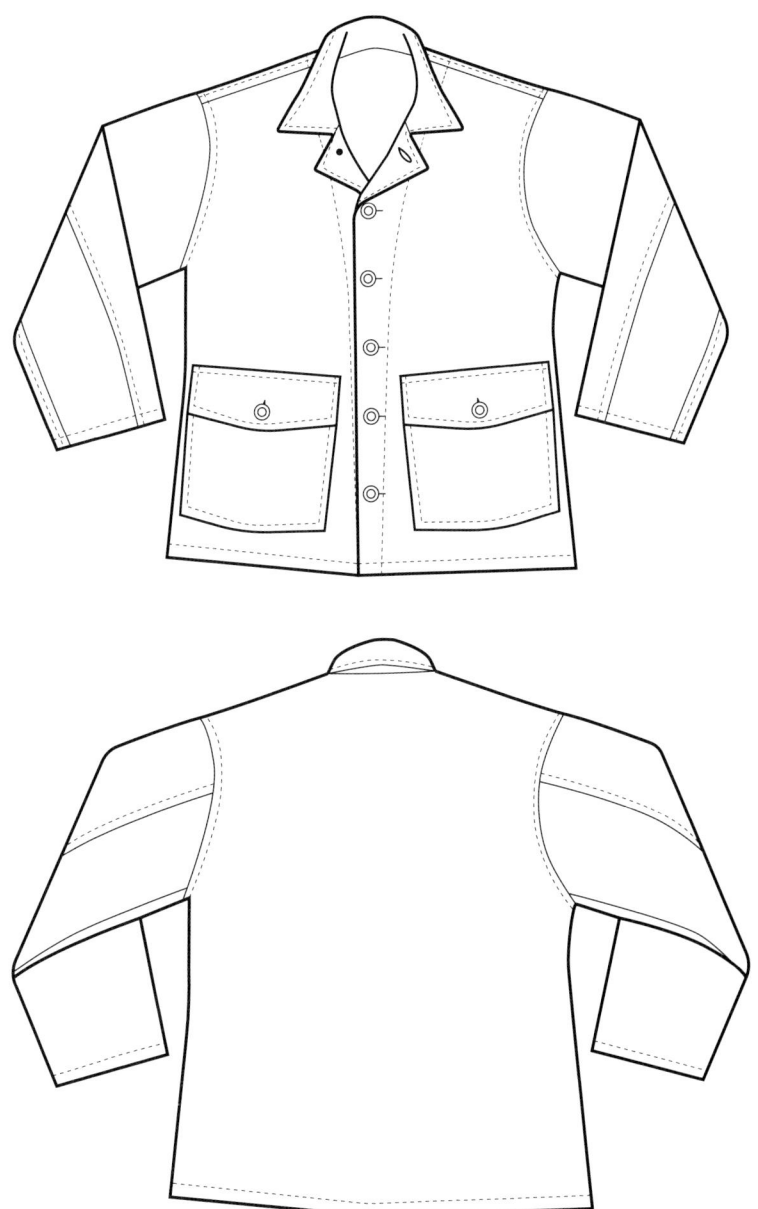

비 고	QMC NO.(미 육군 병참대 사양번호) 6-124B
의 복 명	Trousers, Working, Denim, Blue
	1940년형 블루 데님 퍼티그 바지
도입연도	1937년
원단재질	데님
원단색상	인디고블루

미 육군이 1930년대 말 도입한 신형 서비스 유니폼의 패턴을 기반으로 설계되었기 때문에 일반 바지에 가까운 형태가 되었다.

    패턴 자체는 1937년 1월에 처음 등장했으나 1940년 재킷과 함께 묶여 생산, 관리되었다.

---

(1) 바지 여밈은 맨 윗 단추 외에는 히든 처리된 버튼 플라이가 적용되었다.
(2) 전면에는 사이드 포켓 한쌍이, 후면에는 한쌍의 오각형 패치 포켓이 적용되었다.
(3) 전면 우측에는 회중시계용 소형 웰트 포켓이 적용되었다.
(4) 원단에 리벳된 원형 금속 단추가 적용되었다.

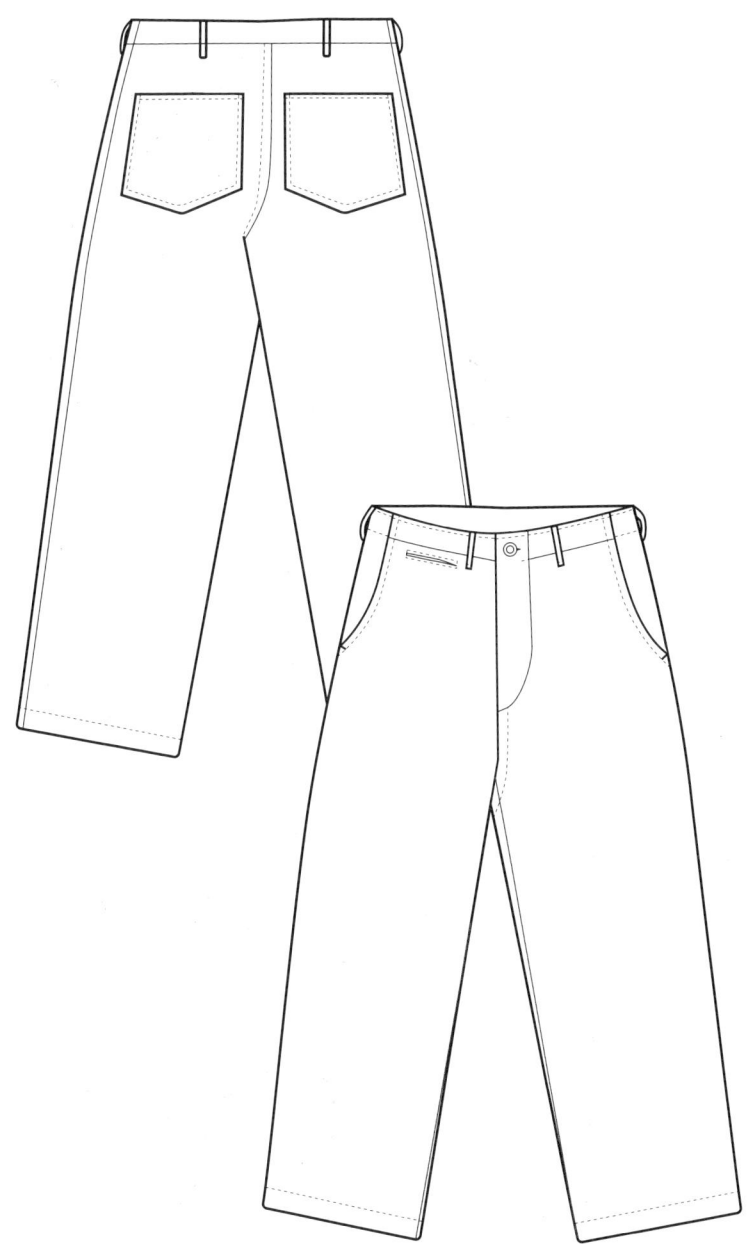

CHAPTER 2
HBT 퍼티그 유니폼

Uniform, Herringbone Twill, OD
02-I 1941 HBT 퍼티그 유니폼

50	상의 – Jacket, Herringbone Twill, OD/ Special (PQD-45/45A)
52	하의 – Trousers, Herringbone Twill, OD/ Special (QMC 6-254)

Uniform, Herringbone Twill, OD/OD-7
02-II 1943 HBT 퍼티그 유니폼

62	상의 – Jacket, Herringbone Twill, OD (PQD-45B)
64	상의 – Jacket, Herringbone Twill, OD, Special (PQD-45C)
66	상의 – Jacket, Herringbone Twill, OD/OD-7, Special (PQD-45D)
70	상의 – Jacket, Herringbone Twill, OD-7, Special (PQD-45E)
76	하의 – Trousers, Herringbone Twill, OD (PQD-42A)
76	하의 – Trousers, Herringbone Twill, OD/OD-7, Special (PQD-42B,C)
78	하의 – Trousers, Herringbone Twill, OD-7, Special (PQD-42C, Late)
80	상의 – Jacket, Herringbone Twill, Camouflage
82	하의 – Trousers, Herringbone Twill, Camouflage

ABOUT
HBT 퍼티그 유니폼

HBT 원단의 도입

1930년대 후반부터 미 육군에서는 기계화/현대화 되어가는 미 육군을 위한 신형 의복과 그 원단을 연구하고 있었다. 이때 후보로 오른 것이 1938년에 미 육군 항공대에서 먼저 도입했던 올리브 드랍 색상으로 염색된 HBT(Herringbone Twill, 헤링본 트윌)능직 원단이었다. HBT 원단은 기존 사용되던 데님 원단보다 가격이 50%가량 비쌌지만, 내구성이 더 뛰어났으며 올리브 드랍 색상도 푸른색보다 위장 성능이 뛰어나 군용으로서 더 적합했다. 결국 이러한 장점들이 비용 문제를 상쇄시켜 당해부터 HBT 원단의 도입이 결정되었으며, 이를 적용할 새로운 퍼티그 유니폼 패턴의 개발도 시작되었다.

최초에 미 육군은 새로운 퍼티그 유니폼을 원피스 형태로 도입하려 했다. 하지만 2차세계대전 발발과 이후 1940년 평시 징병으로 인해 급격하게 규모가 늘어난 미 육군에서 대량의 의복 수요가 발생했고, 이에 원피스 형태의 퍼티그 유니폼은 기존 셔츠/바지 생산공장들에 익숙지 않아 생산 효율이 떨어질 것이라 우려되었기에 대신 일반적인 투피스 형태의 HBT 퍼티그 유니폼이 도입되었다.

이렇게 도입된 최초의 투피스 형태의 HBT 퍼티그 유니폼이 바로 OD색 투피스 HBT 유니폼(Two-piece, HBT suit, OD이다. 흔히 **1941 HBT 퍼티그 유니폼**이라 불리는 이 신형 퍼티그 유니폼은 생산성과 빠른 설계를 위해 당대 서비스 유니폼의 패턴을 상당수 사용해서 제작되었으며 1941년 도입과 함께 곧바로 생산이 시작되었다. 1941 HBT 퍼티그 유니폼의 패턴은 원본이 민간 정장 셔츠/바지와 흡사한 서비스 유니폼이었던 만큼 작업복에는 불필요한 민간 의복 요소들이 많아 작

사진 2-1   **대각으로 반복되는 형태가 청어 뼈 같다 하여 이름붙여진 HBT 능직의 직조 형태.**

사진 2-2　1941 HBT 퍼티그 유니폼을 착용하고 훈련중인 미 육군 훈련병. (1942년 켄터키)

업복 자체로는 그다지 뛰어난 의복은 아니었지만, 데님 원단보다 뛰어난 HBT 원단의 특성과 전투복으로 사용되는 서비스 유니폼 등의 다른 군용 의복들보다는 편의성과 기능성이 뛰어났기 때문에 작업 외에도 전투, 훈련을 포함한 다양한 용도로 널리 사용되었다.

2차세계대전 참전 이후의 미 육군 HBT 퍼티그 유니폼

1941년 12월 진주만 공습으로 인해 결국 미국은 2차세계대전에 직접 참전하게 되었으며, 곧바로 본격적인 전시 징병이 시작되었다. 1940년의 평시 징병 시보다 폭발적으로 병력이 늘어난 상황에서 수많은 신병들에게 지급하기 위해서는 더욱 대량생산에 적합한 의복이 필요했다. 이에 1942년 말에 1941 HBT 퍼티그 유니폼을 생산 효율을 중점으로 큰 폭으로 수정한 패턴이 등장하는데, 이것이 바로 흔히 **1942 혹은 1943 HBT 퍼티그 유니폼**으로 불리는 **단순화 된 OD색 투피스 HBT 유니폼**(Simplified Two-piece, HBT suit, OD)이었다. 1943 HBT 퍼티그 유니폼은 이전 1941 HBT 퍼티그 유니폼에 남아있던 민간 의복의 요소들을 대부분 삭제 및 단순화했으며 복잡한 구조의 각종 주머니를 직사각형 대형 카고 포켓으로 대체해 생산 효율은 물론 기능적으로도 향상된 의복으로 완성되었다.

사진 2-3   1943 HBT 퍼티그 재킷 내부의 가스 플랩.

1942년 봄부터 미군은 적의 독가스 공격에 대비한 방호 처리를 모든 현장 의복에 적용했는데, HBT 퍼티그 유니폼에도 앞섶과 소매 등 여밈에 가스의 접촉을 막기 위한 원단 '가스 플랩'(Gas flap)이 부착되었으며 구분을 위해 라벨에 'Special(특수형)'이라는 명칭을 추가했다. 1943년부터 이러한 '특수형' 의복들이 미 육군의 기본 사양이 됨에 따라 1943 HBT 퍼티그 유니폼 역시 이후 특수형으로만 생산되었다. 이 외에도 미 육군이 기존 의류 및 장비들에 위장 성능이 개선된 OD-7색상을 1943년경 도입함에 따라 이에 맞춰 색상 변경이 적용되기도 했다.

HBT 퍼티그 유니폼은 엄청난 병력을 유지한 미 육군 전체를 대상으로 하는 도입 규모와 함께 태평양에서 유럽 전선까지 2차세계대전의 미군이 참가한 모든 전장에서 사용되며 2차세계대전 중 전 세계에서 가장 널리 사용된 군복이 되었다. 그뿐 아니라 완벽하진 않아도 튼튼하고 적응성이 뛰어난 HBT 원단과 특유의 실용적인 패턴은 현장에서도 호평받으며 태생인 퍼티그 임무 외에도 전투를 포함한 각종 임무에 사용되는 다용도 군복으로, 현대적인 '전투복'의 개념과 흡사하게 사용되었다.

2차세계대전 중 1943 HBT 유니폼은 다양한 용도로 사용되었으며 특히 태평양 전역(戰役)에서의 경험을 계기로 새로운 열대/더운 날씨용 전투복으로 지정되었던 것이 대표적이다. 기존 열대/더운 날씨용 전투복으로 사용되던 면 재질의 카키 서비스 유니폼이 전투복으로서의 기능성과 내구성은 물론이고 정글에서의 밝은 카키 색상의 위장 성능도 매우 떨어졌기 때문에 당시 미 육군의 의복 중 그나마 적합했던 HBT 퍼티그 유니폼이 선정된 것이었다.

HBT 퍼티그 유니폼은 그 외에도 다양한 특수 의복으로 활용되기도 했는데, 원단에 화학물질 방호 처리를 한 화학전 방호복이나 위장 무늬가 적용된 위장 무늬 전투복 패턴으로 사용되었던 것이 대표적이다.

1943년에는 2차세계대전기에 최초로 창설되었던 여군 조직, WAC(Women Army Corps, 미 육군 여성군단)를 위한 HBT 퍼티그 유니폼이 도입되기도 했으며 현재까지 이어지는 여군용 전투복의 시발점이 되었다.

Section 02 - I
1941 HBT 퍼티그 유니폼

의 복 명	Jacket/Trousers, Herringbone Twill, OD
	OD색 HBT 유니폼
	(1941 HBT 유니폼, 첫 번째 패턴 HBT 유니폼)
도입연도	1941년
원단재질	HBT(헤링본 트윌, 면)
원단색상	OD-8

1941 HBT 퍼티그 유니폼은 미 육군 최초의 투피스 HBT 퍼티그 유니폼이다. 전시에 서비스 유니폼의 패턴을 사용해 급하게 설계되었기 때문에 민간 셔츠와 바지와 흡사한 형태를 가지고 있어 이후의 HBT 유니폼들과는 형태적으로 다소 이질감이 있는 패턴으로 설계되었다.

 'OD색 HBT 퍼티그 유니폼' 혹은 기존 원피스 HBT 퍼티그 유니폼과 구분하기 위한 'OD색 투피스 HBT 퍼티그 유니폼'이라는 단순한 명칭을 가지고 있으며, 이 명칭이 후계 모델까지도 이어지기 때문에 후대의 연구가들은 구분을 위해 도입 연도인 '1941'을 붙여 1941 HBT 유니폼으로 명명해 구분하곤 한다.

1941 HBT 퍼티그 유니폼을 착용한 미 육군 병사. (1942년경)

1941 HBT 퍼티그 재킷 (45)

1941 HBT 퍼티그 바지

비 고	PQD NO.(필라델피아 병참창 사양 번호) 45 / 45A
의 복 명	Jacket, Herringbone Twill, OD OD색 HBT 재킷 (1941 HBT 퍼티그 재킷)
도입연도	1941년(45), 1942년(45A)
원단재질	HBT
원단색상	OD-8

1941 HBT 퍼티그 유니폼 재킷 계열의 기반이 되는 최초의 패턴이다. 칼라와 셔츠형 커프스, 겨드랑이의 거셋 등 군용 작업복 치고는 복잡한 패턴이 특징이다. 1942년 2월에 등장한 45A사양에서는 금속 부자재가 저렴한 니켈로 변경되었고 기장이 긴 롱 사이즈가 추가된 것 외에 외형적 차이는 없다.

원래는 내어 입도록 설계되었지만 현장에서는 넣어 입는 경우도 많았다.

1942년 말부터는 화학전에 대비해 화학물질의 침투를 막기 위한 '가스 플랩'이라고 불리는 추가 HBT 원단이 앞섶 여밈에 추가된 특수형이 생산되었다. 이러한 특수형은 라벨에 'Special'이라는 표기를 추가해 구분했으며 1943년 이후에는 기존 생산된 재킷들이 특수형으로 개조되기도 했다.

---

(1) 셔츠형 컨버터블 칼라와 셔츠형 커프스가 적용되었다.
(2) 앞섶에는 노출형 단추 여밈이 사용되었다.
(3) 가슴에는 한쌍의 육각형 패치 포켓과 단추 1개로 고정되는 육각형 뚜껑이 적용되었다. 각각의 포켓 중앙에는 주름이 잡혀있다.
(4) 겨드랑이는 거셋 처리 되었다.
(5) 후면은 3장의 원단으로 구성되었으며 활동성을 위해 양 어깨 상단이 바이 스윙 처리되었다.
(6) 후면 끝단에는 어드저스터 한쌍이 적용되었다.
(7) 원단에 리벳된 원형 금속 단추가 적용되었다.

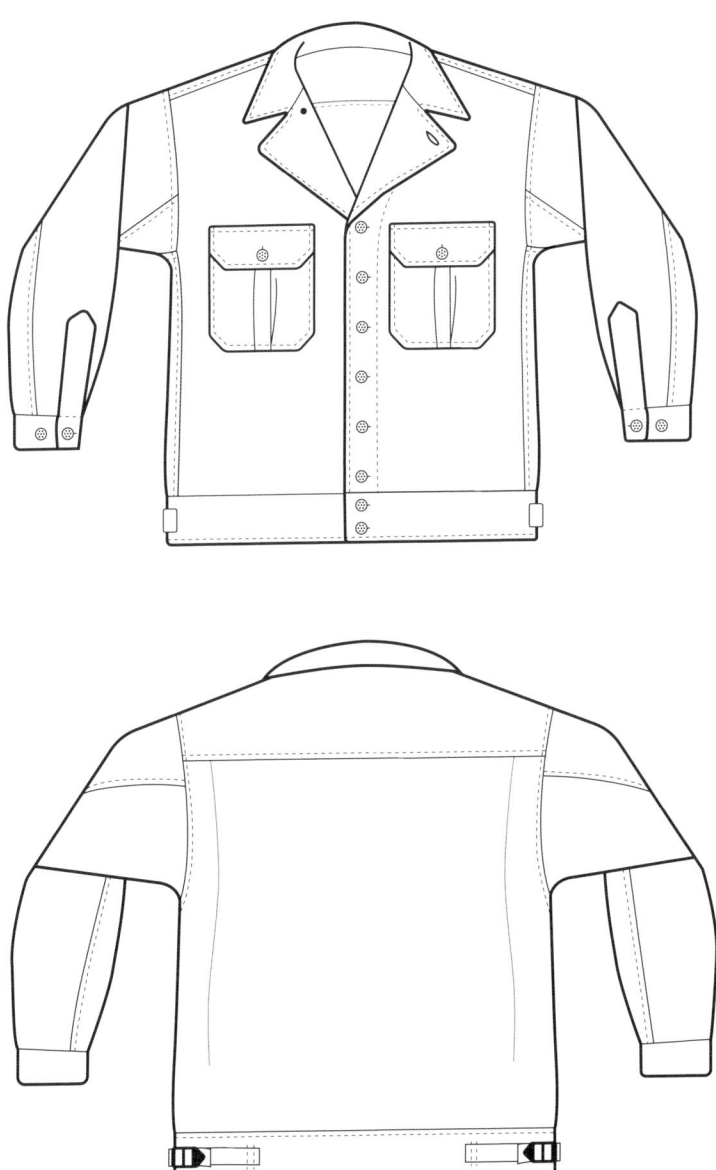

비 고	QMC NO.(미 육군 병참대 사양번호) 6-254
의 복 명	Trousers, Herringbone Twill, OD.
	OD색 HBT 바지
	(1941 HBT 퍼티그 바지)
도입연도	1941년
원단재질	HBT
원단색상	OD-8

1941 HBT 퍼티그 유니폼 바지 계열의 기반이 되는 최초의 패턴이다. 미 육군 하계 서비스 유니폼 하의와 동일한 사양 번호를 공유하기에 서비스 유니폼의 패턴을 그대로 사용하였음을 알 수 있다.

1942년 2월부터는 뒷면 주머니 위치가 낮아지는 등 미세한 수정 사항들이 적용되기도 했다.

1942년 말부터는 화학전에 대비해 화학물질의 침투를 막기 위한 '가스 플랩'이라고 불리는 추가 HBT 원단이 바지 여밈 내측에 추가된 특수형이 생산되었다. 이러한 특수형은 라벨에 'Special'이라는 표기를 추가해 구분했으며 1943년 이후에는 기존 생산된 바지들이 특수형으로 개조되기도 했다.

---

(1) 바지 여밈은 맨 윗 단추 외에는 히든 처리된 버튼 플라이가 적용되었다.
(2) 전면에는 사이드 포켓 한쌍이, 후면에는 한쌍의 웰트 포켓이 적용되었다.
(3) 전면의 우측에는 작은 회중시계용 웰트 포켓이 적용되었다.
(4) 원단에 리벳된 원형 금속 단추가 적용되었다.
(5) 허리 안쪽에는 염색되지 않은 흰색 면 안감이 적용되었다.

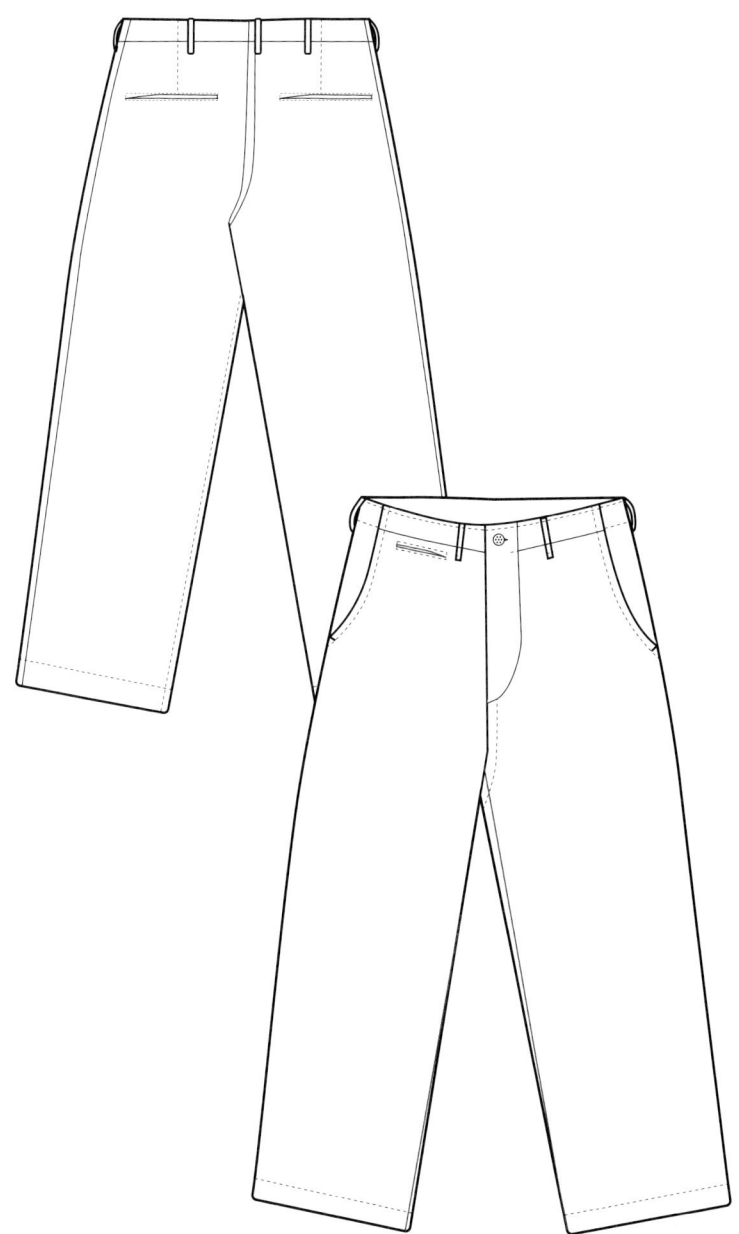

Section 02 - II
1943 HBT 퍼티그 유니폼

의 복 명   Jacket/Trousers, Herringbone Twill, OD/OD-7
             OD/OD-7 HBT 유니폼
             (1943 HBT 퍼티그 유니폼)
도입연도   1942년 11월
원단재질   HBT(헤링본 트윌)
원단색상   OD-8, OD-7

1943 HBT 퍼티그 유니폼은 미 육군 투피스 HBT 퍼티그 유니폼의 두 번째 모델이자 최대 생산모델로, HBT 퍼티그 유니폼의 패턴을 단순화해 생산성을 향상시킨 패턴이다. 1943 HBT 퍼티그 유니폼은 종전까지 1천만 명 규모로 성장하는 미 육군에 지급하기 위해 엄청난 수량이 생산되었기에 가히 HBT 원단 군복을 대표하는 군복이라 할 수 있다.

외형에서부터 이미 이전 1941 HBT에서 눈에 띄게 달라졌음에도 미 육군의 사양 번호상으로는 1941 HBT, OD색 HBT 퍼티그 유니폼의 개량형에 해당한다. 이 때문에 후대의 연구가들은 구분을 위해 도입 연도인 1942 혹은 현장 지급되기 시작한 년도인 1943을 붙여 1942 혹은 1943 HBT 퍼티그 유니폼으로 명명해 구분하곤 한다.

A) 울 서비스 유니폼 위에 1943 HBT 유니폼(45C/42C)을 착용한 미 육군 병사. (1943년경)
B) 1943 HBT 유니폼(45D/42C 후기형)을 착용한 미 육군 일병. (1945년경)

1943 HBT 퍼티그 재킷 (45B)

미 육군 1보병사단 Staff Sergeant(하사)의 재킷 [사진 출처 : Mr. Rollin Curtis]

특수형 1943 HBT 퍼티그 재킷 (45D) #1

특수형 1943 HBT 퍼티그 재킷 (45D) #2
중앙에 주름이 들어간 형태의 카고 포켓

특수형 1943 HBT 퍼티그 재킷 (45E 변형A)
일반 직사각형 카고 포켓

특수형 1943 HBT 퍼티그 재킷 (45E 변형B)
직사각형 패치 포켓 변형

특수형 1943 HBT 퍼티그 재킷 (45E 변형C)
육각형 패치 포켓 변형으로 OD-8색상 원단이 섞여들어가 생산된 희귀한 케이스이다.

비　　고	PQD NO.(필라델피아 병참창 사양 번호) 45B
의 복 명	Jacket, Herringbone Twill, OD
	OD HBT 재킷
	(1943 HBT 퍼티그 재킷 45B형)
도입연도	1942년 11월
원단재질	HBT
원단색상	OD-8

1943 HBT 퍼티그 유니폼 재킷 계열의 기반이 되는 최초의 패턴이다. 1941 HBT 퍼티그 유니폼에서의 가장 큰 변화는 가슴 포켓으로, 셔츠형 육각형 포켓이 당시 전투식량인 K레이션 상자가 통째로 들어갈 정도의 대형 직사각형 카고 포켓으로 변경되어 복잡한 육각형 패치 포켓에 비해 수납 용량과 생산 효율이 향상되었다.

기존의 복잡한 셔츠형 커프스나 거셋 처리된 겨드랑이, 밑단의 조임 등의 요소들은 단순화 및 삭제되어 보다 실용적이고 단순한 외형이 되었다. 그 외에 넣어 입기 쉽도록 몸통 기장이 약간 늘어나기도 했다.

카고 포켓의 형태는 중앙에 주름이 들어가거나 모서리 박음질 되는 면이 달라지는 등 생산처에 따라 차이가 존재한다.

---

(1) 셔츠형 컨버터블 칼라와 간략화된 단추식 커프스가 적용되었다.
(2) 앞섶에는 노출형 단추 여밈이 사용되었다.
(3) 가슴에는 한쌍의 직사각형 대형 카고 포켓과 단추 1개로 고정되는 직사각형 뚜껑이 적용되었다. 생산처에 따라 포켓 중앙에 주름이 잡혀있기도 했다.
(4) 후면은 2장의 원단으로 구성되었으며 활동성을 위해 양 어깨부분이 바이스윙 처리되었다.
(5) 원단에 리벳된 원형 금속 단추가 적용되었다.

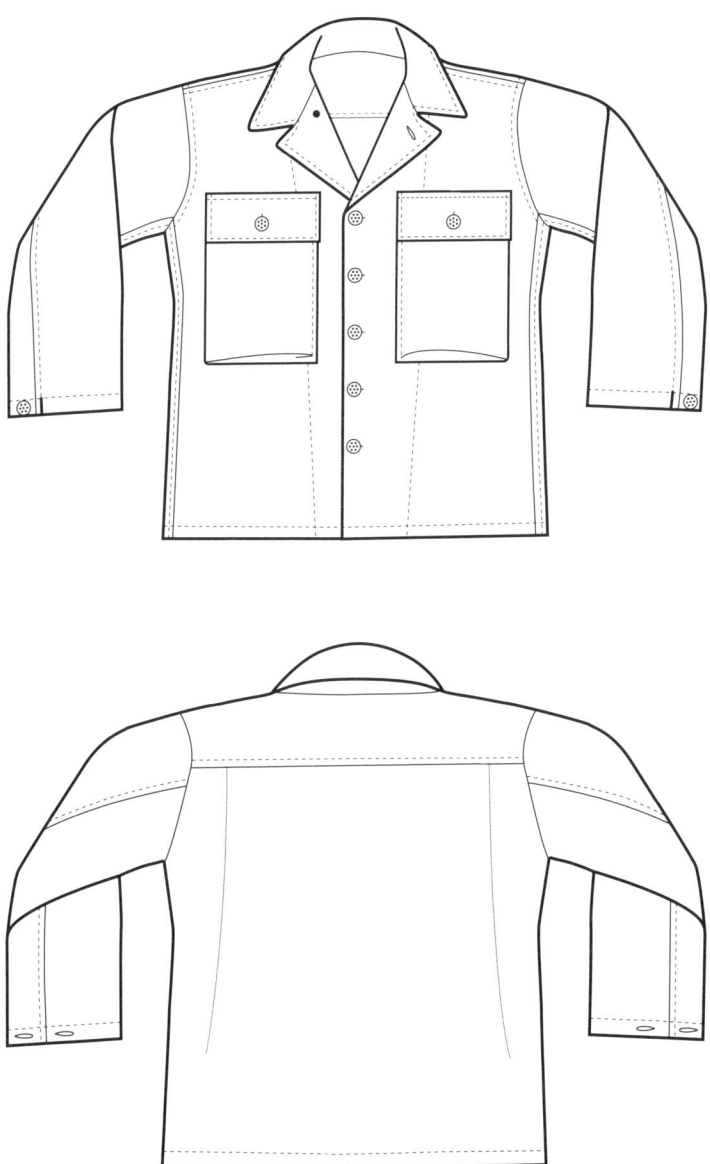

비 고	PQD NO.(필라델피아 병참창 사양 번호) 45C
의 복 명	Jacket, Herringbone Twill, OD, Special OD HBT 재킷 (특수형 1943 HBT 퍼티그 재킷 45C형)
도입연도	1943년
원단재질	HBT
원단색상	OD-8

45B 재킷에 앞섶과 커프스에 화학전에 대비한 '가스 플랩' 처리를 추가한 특수형 재킷이다. 앞섶의 좌측 가슴 안쪽에 재봉 되어 우측 몸통 내부에서 단추 3개로 고정되었다.

가스 플랩은 실제로는 2차세계대전 중 미군을 상대로 한 화학전이 발생하지 않았기 때문에 사용될 일은 없었고 현장에서도 잘라내거나 안으로 재봉해 버리는 경우도 많았다.

45C 패턴 이후의 1943 HBT 재킷은 모두 특수형으로만 생산되었다.

---

(1) 셔츠형 컨버터블 칼라와 간략화된 단추식 커프스가 적용되었다.
(2) 앞섶에는 노출형 단추 여밈이 사용되었다.
(3) 가슴에는 한쌍의 직사각형 대형 카고 포켓과 단추 1개로 고정되는 직사각형 뚜껑이 적용되었다. 생산처에 따라 포켓 중앙에 주름이 잡혀있기도 했다.
(4) 후면은 2장의 원단으로 구성되었으며 활동성을 위해 양 어깨부분이 바이스윙 처리되었다.
(5) 앞섶 안쪽에는 단추식 가스 플랩이, 커프스 안쪽에는 고정식 가스 플랩이 적용되었다.
(6) 칼라 후면 안쪽에는 화학전용 후드를 결합하기 위한 단추 2개가 적용되었다.
(7) 원단에 리벳된 원형 금속 단추가 적용되었다.

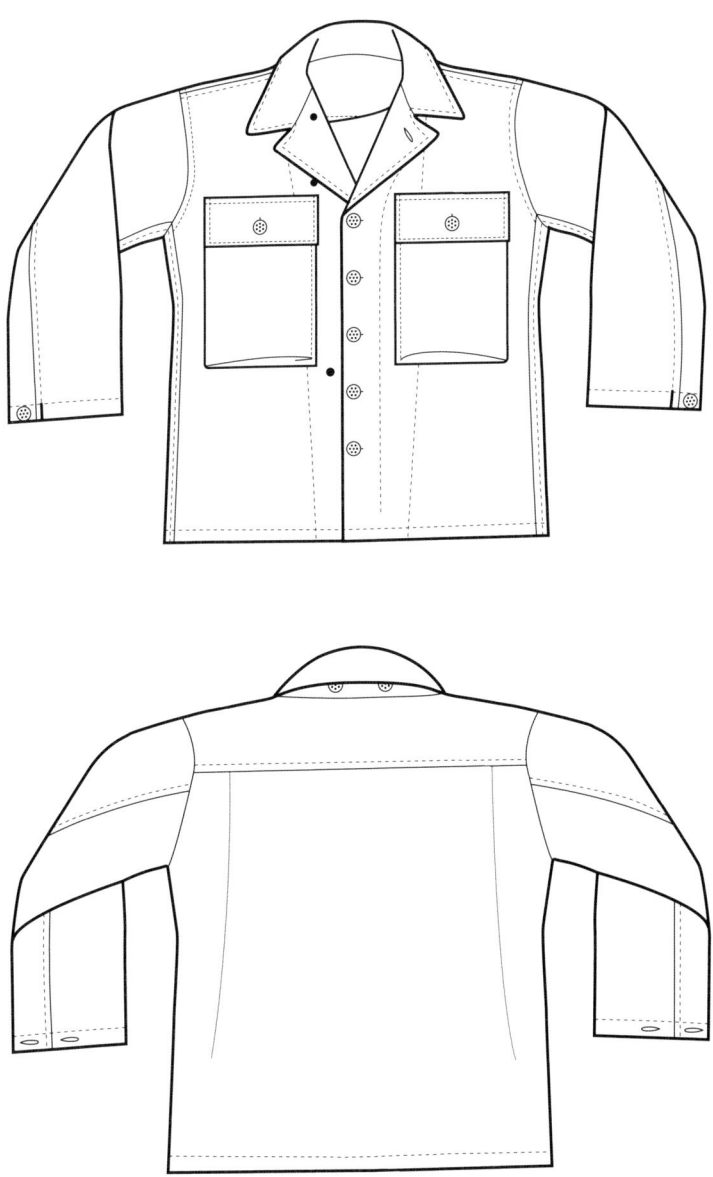

비 고	PQD NO.(필라델피아 병참창 사양 번호) **45D**
의복명	Jacket, Herringbone Twill, OD Special
	Jackets, Herringbone Twill, OD-7, Special
	특수형 OD/OD-7 HBT 재킷
	(특수형 1943 HBT 퍼티그 재킷 **45D형**)
도입연도	1943년
원단재질	HBT
원단색상	OD-8, OD-7

45C 재킷을 생산성 향상에 초점을 맞춰 개량한 패턴이다. 후면이 기존 두 장에서 한 장의 원단으로 단순화된 것이 가장 큰 구분 점이다. 1943 HBT 퍼티그 재킷의 생산량 중 가장 많은 양을 차지한다.

앞섶과 커프스에 화학전에 대비한 '가스 플랩' 처리가 된 특수형이다.

1943년부터 미군이 기존 OD-8색상의 위장 성능 문제를 개선한 더 어두운 OD-7색상을 도입함에 따라 이에 맞춰 OD-7색상으로 생산되었다. 다만 OD-8 원단의 재고도 사용되었으며, 색상별로 라벨의 명칭을 달리해 관리되었으나 드물게 한 벌 안에서도 원단이 섞이는 경우가 있었다.

---

(1) 셔츠형 컨버터블 칼라와 간략화된 단추식 커프스가 적용되었다.
(2) 앞섶에는 노출형 단추 여밈이 사용되었다.
(3) 가슴에는 한쌍의 직사각형 대형 카고 포켓과 단추 1개로 고정되는 직사각형 뚜껑이 적용되었다. 생산처에 따라 포켓 중앙에 주름이 잡혀있기도 했다.
(4) 후면은 1장의 원단 혹은 드물게 좌우 2장의 원단으로 구성되기도 했다.
(5) 앞섶 안쪽에는 단추식 가스 플랩이, 커프스 안쪽에는 고정식 가스 플랩이 적용되었다.
(6) 칼라 후면 안쪽에는 화학전용 후드를 결합하기 위한 단추 2개가 적용되었다.
(7) 원단에 리벳된 금속 단추 혹은 OD색 베이클라이트 단추가 적용되었다.

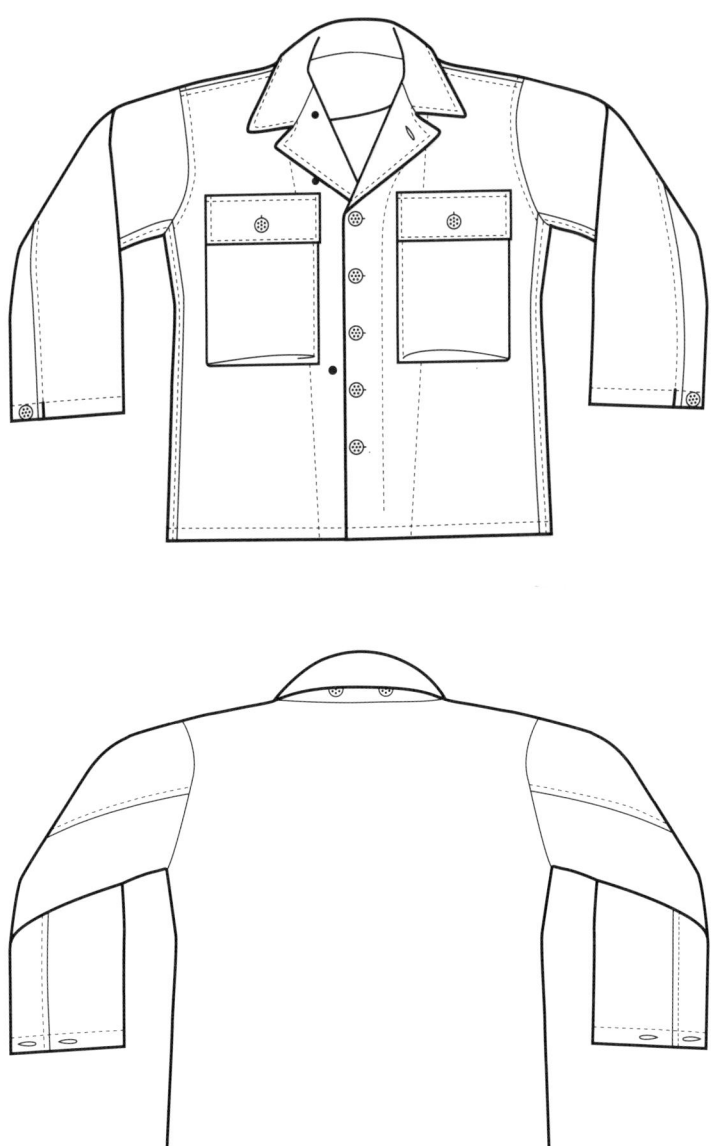

변형 A

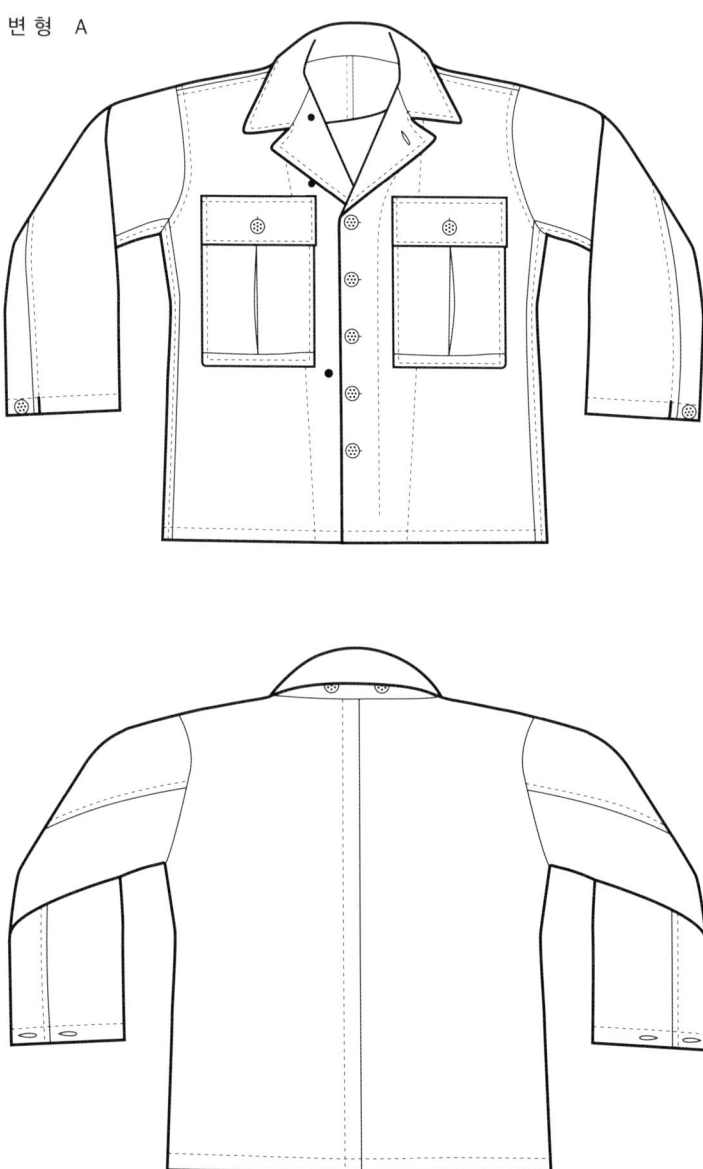

비 고	PQD NO.(필라델피아 병참창 사양 번호) 45E
의복명	Jacket, Herringbone Twill, OD-7, Special 특수형 OD-7 HBT 재킷 (특수형 1943 HBT 퍼티그 재킷 42E형)
도입연도	1944년 7월
원단재질	HBT
원단색상	OD-7

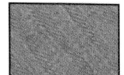

1944년 7월에 최초 도입된 패턴으로 1945년 5월부터 생산되어 2차세계대전에는 사용되지 못했다. 45D형 재킷을 기반으로 하고 있으며 가봉 된 채 출고된 가스 플랩과 이전까지 적용되었던 가슴 포켓 안쪽의 천 케어 라벨이 가스 플랩 위에 찍힌 스탬프 라벨로 대체된 것이 구분 점이다.

기존 45D형과 동일한 커다란 직사각형 카고 포켓 이외에도 소형 사각형 패치 포켓, 육각형 패치 포켓 등 총 3가지 가슴 포켓의 변형들이 시험 적용되었으며 이 중 육각형 포켓은 살아남아 후계 퍼티그 유니폼으로 이어졌다.

(1) 셔츠형 컨버터블 칼라와 간략화된 단추식 커프스가 적용되었다.
(2) 앞섶에는 노출형 단추 여밈이 사용되었다.
(3) 직사각형 대형 카고 포켓외에도 사각형 패치 포켓, 육각형 패치 포켓이 적용된 3가지 변형이 존재한다.
(4) 후면은 1장의 원단 혹은 드물게 좌우 2장의 원단으로 구성되기도 했다.
(5) 앞섶 안쪽에는 단추식 가스 플랩이 우측 가슴에 가봉되었으며 커프스 안쪽에는 고정식 가스 플랩이 적용되었다.
(6) 칼라 후면 안쪽에는 화학전용 후드를 결합하기 위한 단추 2개가 적용되었다.
(7) 원단에 리벳된 금속 단추 혹은 OD색 베이클라이트 단추가 적용되었다.

변형 A

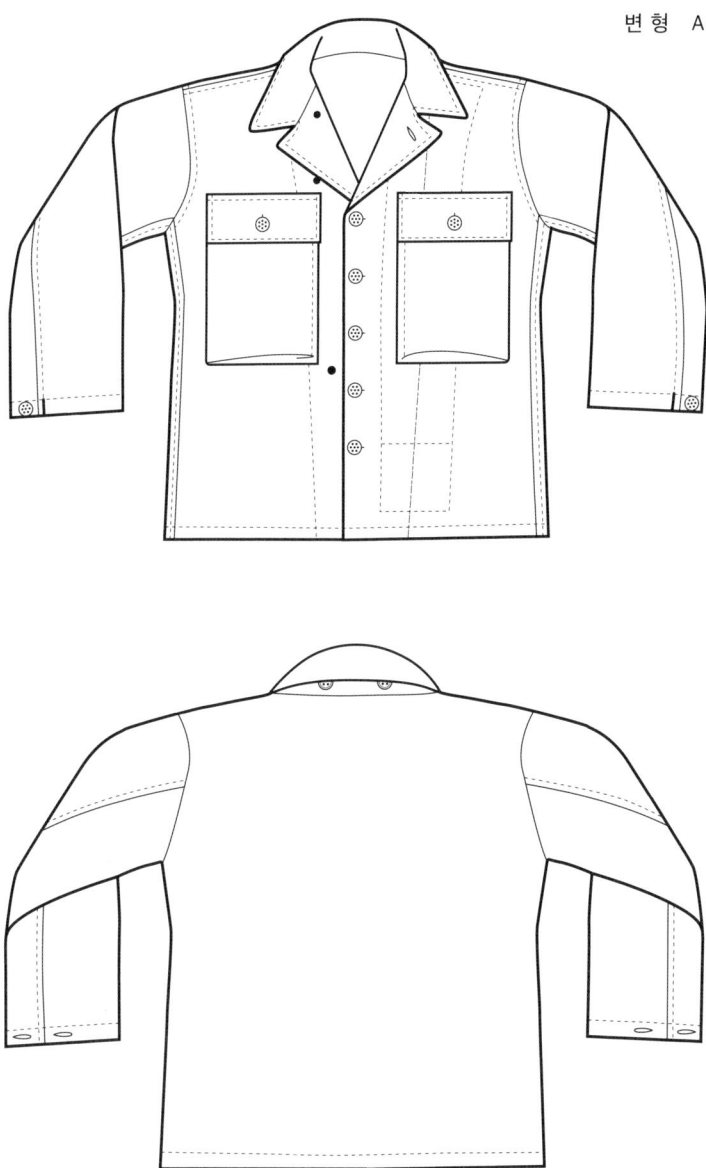

변형 B

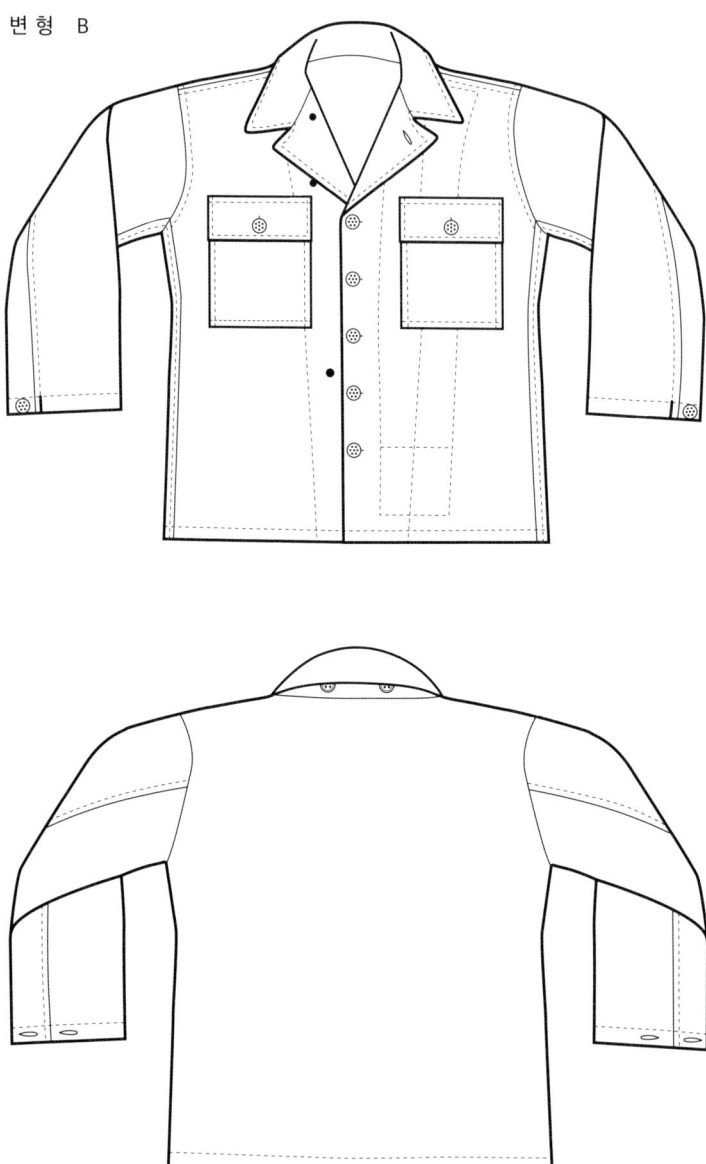

변형 C

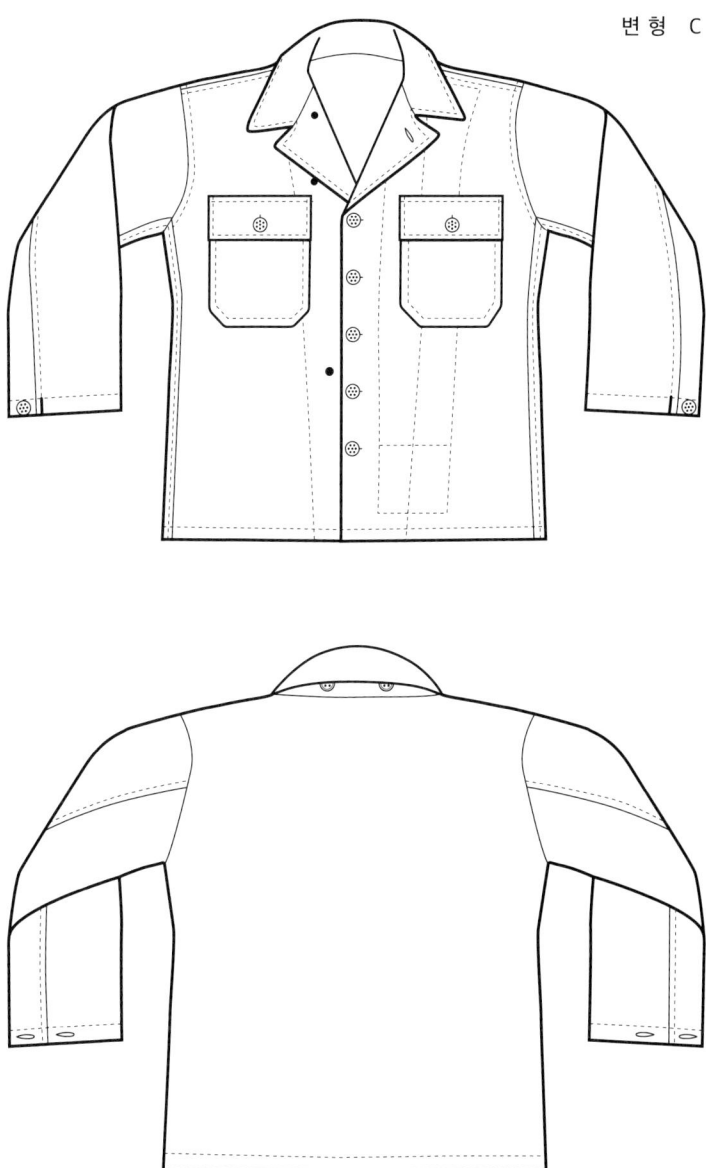

특수형 1943 HBT 퍼티그 바지 (42C)
기장이 짧게 수선된 상태.

특수형 1943 HBT 퍼티그 바지 후기형 (42C)

비 고	PQD NO.(필라델피아 병참창 사양 번호) 42A/B/C
의 복 명	Trousers, Herringbone Twill, OD (42A) Trousers, Herringbone Twill, OD, Special (42C,B) Trousers, Herringbone Twill, OD-7, Special(42C) OD HBT 바지 (42A) 특수형 OD/OD-7 HBT 바지 (42B,C) (1943 HBT 퍼티그 바지, 특수 1943 HBT 퍼티그 바지 초기형)
도입연도	1942년 10월(42A), 1942년 12월(42B), 1943년(42C)
원단재질	HBT
원단색상	OD-8, OD-7(42C)

42A 패턴은 1943 HBT 퍼티그 유니폼 바지 계열의 기반이 되는 최초의 패턴이다. 재킷과 마찬가지로 커다란 카고 포켓이 적용되었으며 다른 주머니는 모두 삭제되어 전체적으로 단순화되었다. 1942년 말부터는 화학전에 대비해 바지 여밈의 우측이 좌측으로 연장된 '가스 플랩' 처리된 특수형인 42B와 42C 패턴이 생산되기 시작했으며 이후 특수형이 HBT 퍼티그 바지의 표준 사양으로 자리 잡았다.

1943년부터 미군이 기존 OD-8색상의 위장 성능 문제를 개선한 더 어두운 OD-7색상을 도입함에 따라 이에 맞춰 OD-7색상으로 생산되었다. 다만 OD-8 원단의 재고도 사용되었으며, 색상별로 라벨의 명칭을 달리해 관리되었으나 드물게 한 벌 안에서도 원단이 섞이는 경우가 있었다.

---

(1) 바지 여밈은 맨 윗 단추 외에는 히든 처리된 버튼 플라이가 적용되었다.

(2) 양쪽 허벅지에는 한쌍의 직사각형 카고 포켓과 단추 1개로 고정되는 직사각형 포켓 덮개가 적용되었다. 생산처에 따라 포켓 중앙에 주름이 잡혀있기도 했다.

(3) 한쌍의 카고 포켓 외의 모든 주머니는 삭제되었다.

(4) 우측 여밈 안쪽이 좌측으로 연장된 가스 플랩이 적용되었으며 안쪽에서 단추로 고정되었다.

(5) 원단에 리벳된 금속 단추 혹은 OD색 베이클라이트 단추가 적용되었다.

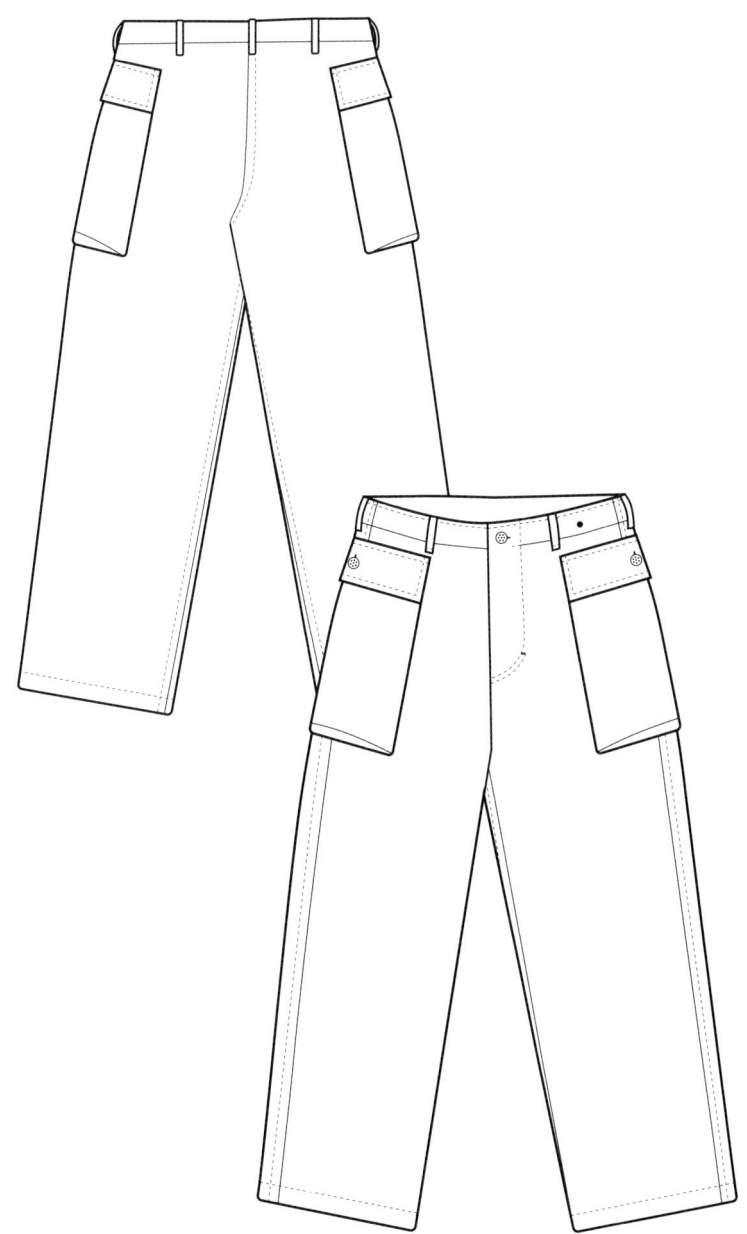

비 고	PQD NO.(필라델피아 병참창 사양 번호) 42C 44년 4월 이후 변경된 패턴
의 복 명	Trousers, Herringbone Twill, OD, Special, Trousers, Herringbone Twill, OD-7, Special, 특수형 OD/OD-7 HBT 바지 (특수형 1943 HBT 퍼티그 바지 후기형)
도입연도	1944년
원단재질	HBT
원단색상	OD-7

기존 42C 패턴까지의 1943 HBT 퍼티그 바지의 카고 포켓 위치가 너무 높아 상의와 간섭이 발생하는 문제를 해결하기 위해 주머니 위치가 3~4인치 아래로 조정된 패턴이다. 2차세계대전 후반기부터 지급되었다.

(1) 바지 여밈은 맨 윗 단추 외에는 히든 처리된 버튼 플라이가 적용되었다.

(2) 양쪽 허벅지에는 한쌍의 직사각형 카고 포켓과 단추 1개로 고정되는 직사각형 포켓 덮개가 적용되었다. 생산처에 따라 포켓 중앙에 주름이 잡혀있기도 했다.

(3) 우측 여밈 안쪽이 좌측으로 연장된 가스 플랩이 적용되었으며 안쪽에서 단추로 고정되었다.

(4) 원단에 리벳된 금속 단추 혹은 OD색 베이클라이트 단추가 적용되었다.

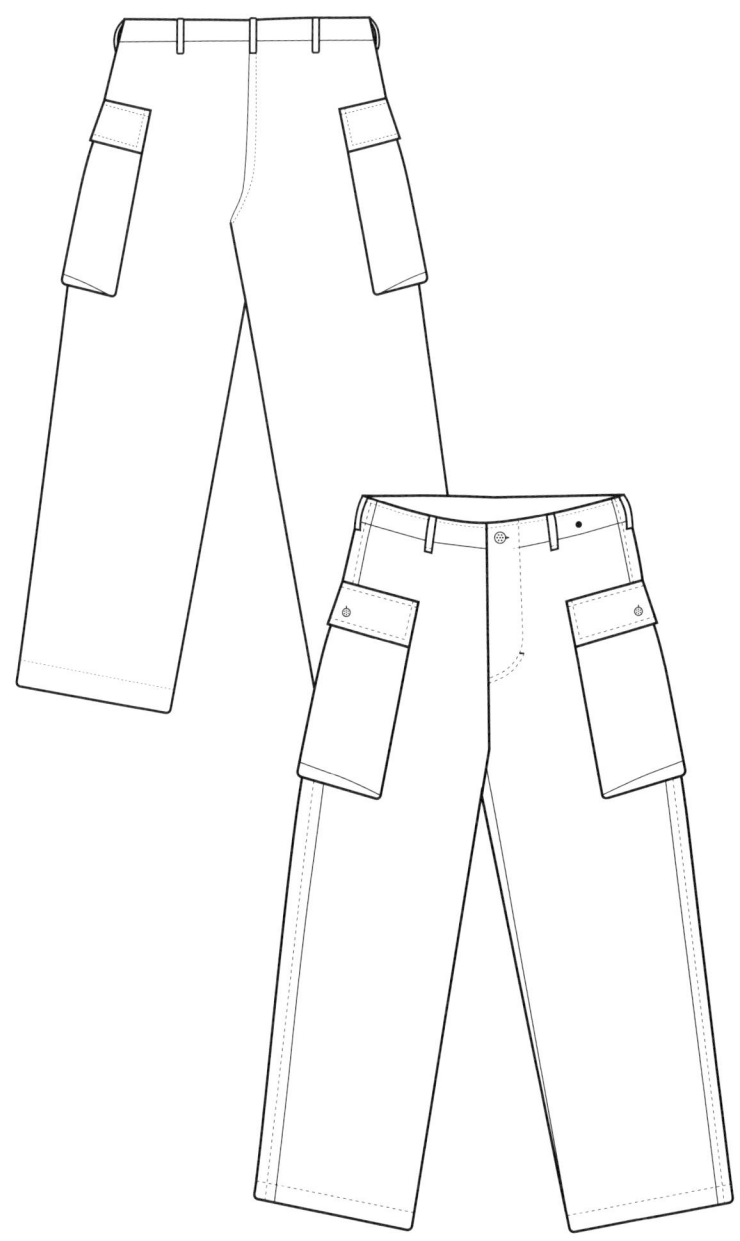

비 고	PQD NO.(필라델피아 병참창 사양 번호) 375
의 복 명	Jacket, Herringbone Twill, Camouflage 위장 무늬 HBT 재킷
도입연도	1943년
원단재질	HBT
원단색상	프로그 스킨 위장 무늬 (덕헌터 위장 무늬)

1943년경부터 시험 도입된 미 육군의 열대 전투복이자 위장 무늬 전투복 재킷이다. 미 육군은 2차세계대전 참전 직후부터 태평양의 열대기후에 알맞은 열대 전투복을 개발했으며 최초에는 원피스 형태였으나 최종적으로는 1943 HBT 퍼티그 유니폼의 패턴을 사용한 투피스 HBT 퍼티그 유니폼이 도입되었다. 1943~44년경 소수만이 생산되어 1944년 유럽과 태평양 전선의 일부 부대에만 부분적으로 지급되었으나, 위장 무늬의 위장 성능 문제 및 생산과 유지 효율 문제로 소수 지급된 수량만이 추가 생산 없이 소모되어 사라졌다.

원단의 겉에는 녹지용 녹색 위장 무늬가, 안쪽에는 해변용 모래색 위주의 색상이 양면으로 적용되었으나 양면 착용은 불가능했다.

특수형 1943 HBT 퍼티그 재킷의 패턴을 기반으로 하고 있으나 히든처리된 단추 및 팔꿈치의 덧댐원단 등의 차이점이 있다.

---

(1) 셔츠형 컨버터블 칼라와 간략화된 단추식 커프스가 적용되었다.
(2) 앞섶에는 맨 윗 단추 외에는 히든 처리된 단추 여밈이 사용되었다.
(3) 가슴에는 한쌍의 직사각형 대형 카고 포켓과 히든 처리된 단추 1개로 고정되는 직사각형 뚜껑이 적용되었다.
(4) 후면은 1장의 원단으로 구성되었다.
(5) 팔꿈치에는 덧댐원단이 적용되었다.
(6) 앞섶 안쪽에는 단추식 가스 플랩이 우측 가슴에 가봉되었으며 커프스 안쪽에는 고정식 가스 플랩이 적용되었다.
(7) 칼라 후면 안쪽에는 화학 후드를 결합하기 위한 단추 2개가 적용되었다.
(8) OD색 베이클라이트 단추가 적용되었다.

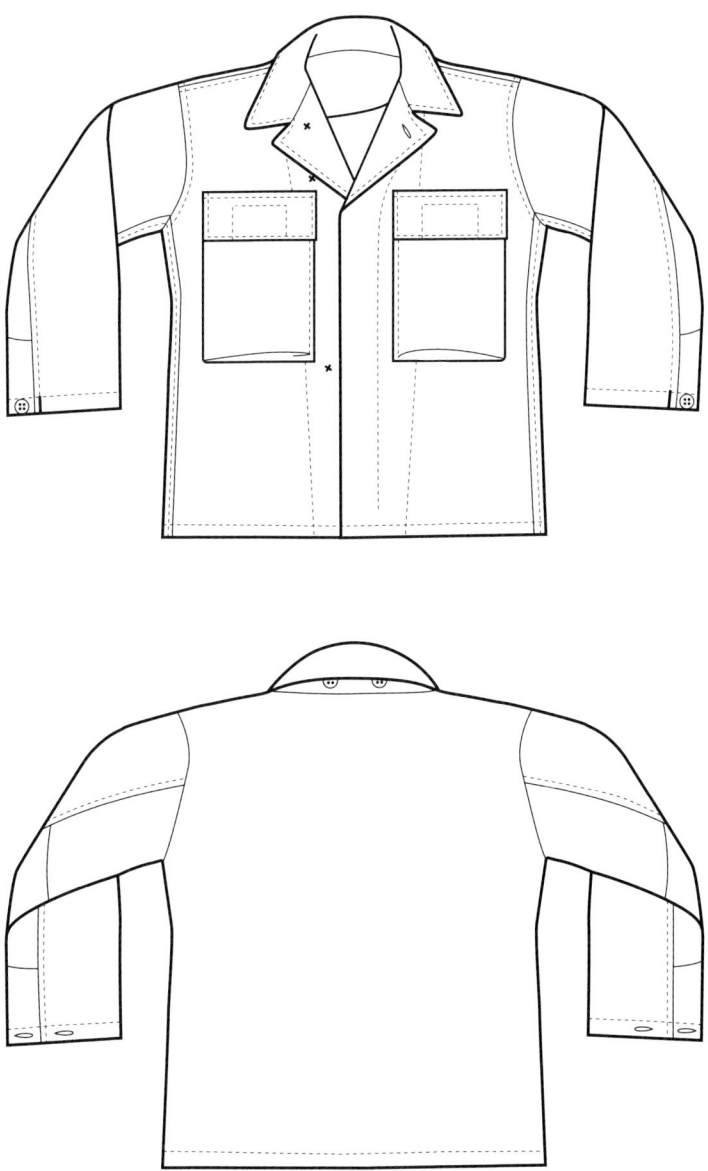

비 고	PQD NO.(필라델피아 병참창 사양 번호) 374
의 복 명	Trousers, Herringbone Twill, Camouflage 위장 무늬 HBT 바지
도입연도	1943년
원단재질	HBT
원단색상	프로그 스킨 위장 무늬 (덕헌터 위장 무늬)

1943년경부터 시험 도입된 미 육군의 열대 전투복이자 위장 무늬 전투복 바지이다. 미 육군은 2차세계대전 참전 직후부터 태평양의 열대기후에 알맞은 열대 전투복을 개발했으며 최초에는 원피스 형태였으나 최종적으로는 1943 HBT 퍼티그 유니폼의 패턴을 사용한 투피스 HBT 퍼티그 유니폼이 도입되었다. 1943~44년경 소수만이 생산되어 1944년 유럽과 태평양 전선의 일부 부대에만 부분적으로 지급되었으며 위장 무늬의 위장 성능 문제 및 생산과 유지 효율 문제로 소수 지급된 수량만이 추가 생산 없이 소모되어 사라졌다.

원단의 겉에는 녹지용 녹색 위장 무늬가, 안쪽에는 해변용 모래색 위주의 색상이 양면으로 적용되었으나 양면 착용은 불가능했다.

특수형 1943 HBT 퍼티그 바지 초기형의 패턴을 기반으로 하고 있으나 허리의 추가 단추 및 무릎의 덧댐원단, 밑단의 조임대 등의 차이점이 있다.

(1) 바지 여밈은 맨 윗 단추 외에는 히든 처리된 버튼 플라이가 적용되었다.
(2) 양쪽 허벅지에는 한쌍의 직사각형 카고 포켓과 히든 처리된 단추 1개로 고정되는 직사각형 포켓 덮개가 적용되었다. 생산처에 따라 포켓 중앙에 주름이 잡혀있기도 했다.
(4) 우측 여밈 안쪽이 좌측으로 연장된 가스 플랩이 적용되었으며 안쪽에서 단추로 고정되었다.
(5) 무릎에는 덧댐원단이 적용되었다.
(6) 허리에는 멜빵 사용을 위한 단추가, 밑단에는 단추식 조임대가 적용되었다.
(7) OD색 베이클라이트 단추가 적용되었다.

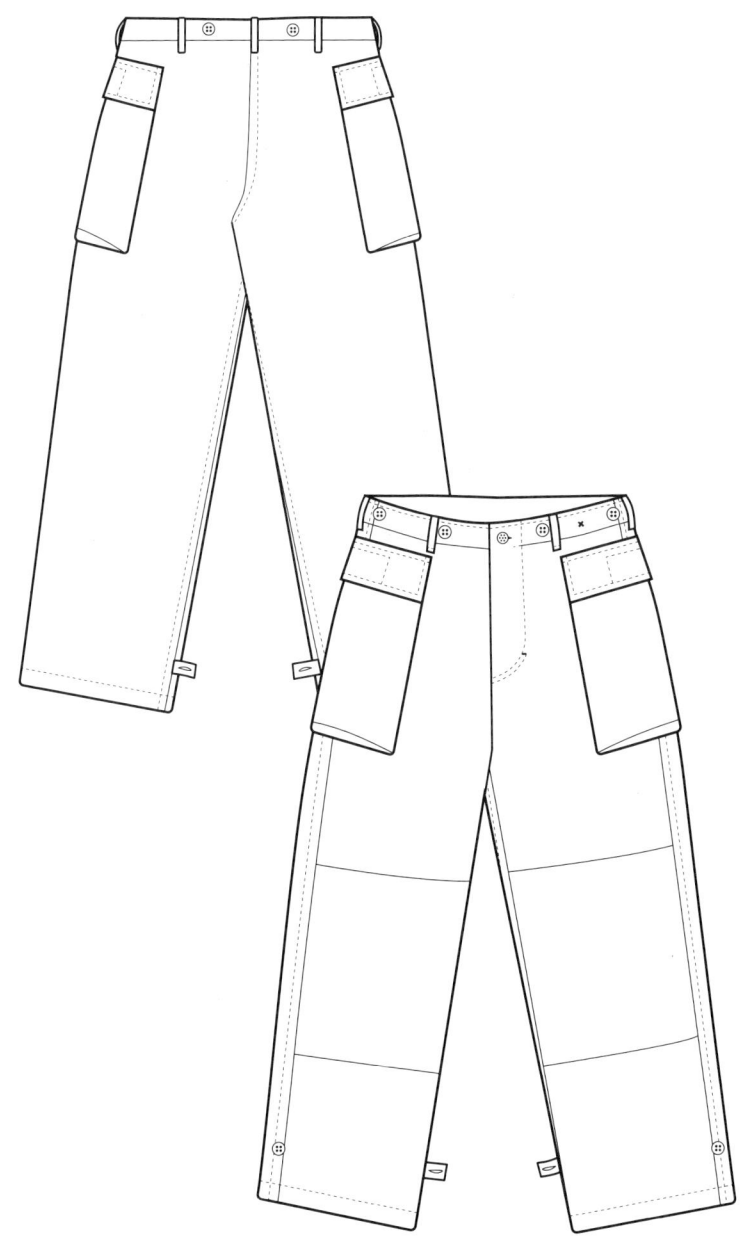

CHAPTER 3
유틸리티 유니폼

Uniform, Herringbone Twill, OD-7
03-I 1947 HBT 퍼티그 유니폼

94	상의 - Jacket, Herringbone Twill, OD-7
96	하의 - Trouser, Herringbone Twill, OD-7

Utility Uniform, OG-107
03-II OG-107 유틸리티 유니폼

104	상의 - Jacket/Shirts, Cotton, Sateen, OG-107 (1세대)
106	상의 - Shirts, Cotton, Sateen, OG-107 (2세대)
108	상의 - Shirts, Utility, Cotton, OG-107 (3세대)
112	하의 - Trousers, Cotton, Sateen, OG-107 (1세대)
114	하의 - Trousers, Cotton, Sateen, OG-107 (2세대)

Utility Uniform, Durapress, OG-507
03-III OG-507 유틸리티 유니폼

120	상의 - Shirts, Utility, Durapress, OG-507
122	하의 - Trouser, Utility, Durapress, OG-507

ABOUT
유틸리티 유니폼

전후 미 육군의 퍼티그 유니폼

2차세계대전과 함께 엄청난 규모로 늘어났던 미군은 1945년 종전 이후 수년간 대규모 군축을 감행했다. 특히 미 육군은 그 폭이 가장 컸는데, 전시 최대 89개에 달했던 현역 사단 대부분의 병력이 동원 해제되어 1949년에는 최종적으로는 10개 정규군 사단 규모로 축소되었다. 그중 8개 사단은 해외에 주둔하고 있었으며 이들 대부분이 패전국을 비롯한 세계 각지의 미군/연합국 점령지에서 주둔 및 관리 임무를 수행하고 있었다.

이렇듯 전시와는 업무 환경이 사뭇 달라진 상황에서도 미 육군의 HBT 퍼티그 유니폼은 여전히 다도도 업무복으로 사용되고 있었다. 이에 상부에서도 HBT 퍼티그 유니폼을 더이상 작업복이 아닌 업무복으로 취급하기 시작했으며, 그전까지 서비스 유니폼에나 적용되던 상의 넣어 입기, 각종 휘장 부착, 풀 먹이기 다림질 등 단정하고 깔끔한 모습을 요구하기 시작했다. 이러한 환경적 맥락에서 전후의 HBT 퍼티그 유니폼들은 당대의 근무복보다도 화려해지고 단정하게 착용되었으며 2차세계대전기와는 전혀 다른 모습을 보이게 되었다.

1946년 1월에는 흔히 **1947 HBT 퍼티그 유니폼**이라고 불리는 신형 **1947년 패턴 HBT 퍼티그 유니폼**이 등장한다. 1947 퍼티그 유니폼은 이전 1943 HBT 퍼티그 유니폼에서 커다란 카고 포켓을 소형 패치 포켓으로 대체하는 등 1940년대 이전의 전투복인 서비스 유니폼에 가까운 형태로 회귀했으며 실제로도 셔츠처럼 단독으로 착용하도록 설계되었다. 이 신형 퍼티그 유니폼은 당대 미 육군 퍼티그 유니폼의 지향점이 어디에 있는지 간접적으로 보여주고 있었다.

결국 1949년 최초로 열린 미 육군 유니폼 위원회(1949 The Army Uniform Board)에서는 이러한 변화의 흐름에 맞춰 전투복과 근무복, 정복 용도를 겸하는 기존 서비스 유니폼 개념을 더 이상 전투복으로 사용하지 않기로 결정 내렸다. 대신 현장 의복 체계를 크게 개리슨-듀티 유니폼(Garrison and Duty Uniform, 근무복)과 필드-워크 유니폼(Field and Work wear, 전투복)의 2가지로 새롭게 구분해 전자에는 전투복의 용도가 제외된 기존 서비스 유니폼을, 후자에는 기존의 모든 HBT 퍼티그 유니폼을 포함했다. 이 필드-워크 유니폼은 전투복이면서 훈련 및 작업과 같은 일상 과업에도 사용되는 의복을 의미했는데, 이는 사실 이전까지 현장에서 HBT 퍼티그 유니폼이 운용되던 개념을 단순히 명문화한 것이기도 했다.

유틸리티 유니폼

새로운 필드-워크 유니폼 체계에 맞춰 1952년에는 신형 전투복인 **유틸리티 유니폼**이 등장한다. 유틸리티 유니폼은 기존 1947 HBT 퍼티그 유니폼의 패턴을 그대로 사용했으나 원단은 HBT 능직보다 가볍고 얇으면서도 튼튼한 8.5oz 면 새틴 원단을 겉면이 밖으로 오게 뒤집은 백-새틴(Back Sateen)원단이 적용되었으며, 새로운 원단과 함께 기존의 OD계열 색상을 대체하는 새로운 색상코드인 OG-107(올리브 그린 107)이 적용되었다.

OG-107은 유틸리티 유니폼 뿐 아니라 미군의 각종 의복에도 적용되어 각종 OD색상을 대체했는데, 이는 전후 민간에 매각된 2차세계대전기의 OD색 의복들이 하층민과 범죄자들을 중심으로 소비되며 OD색으로 상징되던 군의 이미지를

사진 3-1 미 육군 교관학교의 훈련생들. 1세대 및 2세대 OG-107 유니폼이 확인된다. (1960년경 장소 미상)

실추시는 문제를 쇄신하기 위한 방책이었다. 이 새로운 색상으로 인해 유틸리티 유니폼은 흔히 **OG-107 유니폼**이라고 불리기도 한다.

또한 미군이 1946년 군 개혁을 위해 창설한 두리틀 위원회(Doolittle Board)에서 장교와 사병의 차이를 의복의 형태가 아닌 휘장에만 두기로함에 따라 유틸리티 유니폼의 설계도 이러한 개념이 적용되었으며, 계급별로 동일한 패턴이 적용된 미군 최초의 전투복이 되었다.

유틸리티 유니폼의 넣어 입는 상의와 근무복과 흡사한 가슴 포켓, 각종 유색 휘장은 전투보다는 근무복에 가까운 요소들이었으며, 이전 2차세계대전기의 HBT 퍼티그 유니폼들보다 되려 전투나 작업 효율에 있어서는 퇴화한 부분도 많았다. 하지만 내구성과 생산성, 통일성과 같은 효율 측면에서는 뛰어났기에, 대규모 병력과 장비를 운용해야 했던 미 육군에서는 1950년대 초 냉전의 시작과 함께 도입한 이 전투복을 큰 불만 없이 30년 이상 그대로 사용했으며, 동시에 대한민국을 포함한 냉전형 군대를 운용해야 했던 수많은 국가의 전투복 디자인과 개념에 지대한 영향을 끼쳤다.

하지만 유틸리티 유니폼의 설계가 가진 근본적인 한계가 분명했기 때문에, 유틸리티 유니폼은 시간이 지나며 기능적으로나 개념적으로나 시대에 뒤떨어진 전투복이 되어갔으며 보수적인 미 육군도 도입 30여 년 뒤에는 결국 그 한계를 인정하게 된다.

사진 3-2 영화 '위 위 솔져스'로 유명한 할 무어(Hal Moore)중장의 미 육군 7보병 사단장 시절 사진. 풀 먹이기 다림질되어 각 잡힌 유틸리티 유니폼의 전형적인 모습이다. (1970년 한국)

2차세계대전 이후 미 육군의 '화려해진' 전투복에는 1950년대 도입된 각종 자격 휘장과 1953년경부터 의무화된 고 대비 색상의 명찰, 그리고 US ARMY 테이프가 한몫했다. 유채색 휘장들은 위장 문제로 인해 전투복으로는 적합지 않았음에도 수십 년간 그대로 사용되었는데, 미군은 베트남 정글 속에서의 치열한 보병 전투에서 피해를 본 이후에야 문제를 인식하게 된다.

쉽게 색이 바래고 각이 풀어지는 새틴 원단은 단정한 모습을 유지하기 위해 풀 먹이기 다림질이 필수였다. 이러한 관습 역시 위장 성능은 물론 내구성에도 악영향을 주었으나 근절되지 않았고 다른 전투복들은 물론이고 심지어 이후 도입된 신형 위장 무늬 전투복에까지 한동안 행해졌다.

새로운 새틴 원단의 유틸리티 유니폼들은 기존 HBT 퍼티그 유니폼들을 대체했으나 기존 HBT 퍼티그 유니폼들도 '유틸리티 유니폼 방식'으로 소모될 때까지 사용되었으며 1960년대 이전까지도 착용 예가 확인된다.

OG-107은 미 육군뿐 아니라 타 군에서도 도입되었다. 대표적으로 미 해병대는 1960년대에서 1970년대까지 수년간 OG-107을 사용했다.

유틸리티 유니폼의 도입 이후에도 현장에서는 유틸리티 유니폼을 관습적으로 '퍼티그'라고 불렀으며 이는 현대의 전투복까지도 이어진다.

Section 03 - I
1947 HBT 퍼티그 유니폼

의 복 명	Jacket/Trousers, Herringbone Twill, OD-7
	OD-7 HBT 유니폼
	(1947 HBT 유니폼)
도입연도	1946년(상의), 1945년(하의)
원단재질	HBT
원단색상	OD-7

1947 HBT 퍼티그 유니폼은 미 육군 최후의 HBT 퍼티그 유니폼이다. 여기에 적용되었던 전후 새롭게 설계된 퍼티그 유니폼 패턴은 이후 냉전기 미 육군을 상징하는 전투복인 유틸리티 유니폼에 그대로 이어졌기 때문에 새로운 형태의 전투복의 시작으로서 의미있는 의복이다. 보다 셔츠에 가까워진 실루엣의 재킷과 전통적인 민간 작업복 바지와 흡사한 형태로 돌아간 바지는 전통적인 근무복, 서비스 유니폼의 형태에 가까워졌기에 전후 미 육군 의복의 지향점을 보여주고 있다.

    최초 패턴 도입 연도는 1945~46년이지만 현대에 식별 가능한 개체가 대부분 1947년 패턴인 이유로 보통 1947 HBT 퍼티그 유니폼으로 불린다.

1947 HBT 퍼티그 유니폼을 착용한 미 육군 24보병사단 소속 일병. (1950년경)

1947 HBT 퍼티그 재킷

1947 HBT 퍼티그 바지

비 고	사양 번호 6-372 ~ MIL-J-3001
의 복 명	Jacket, Herringbone Twill, OD-7
	OD-7 HBT 재킷
	(1947 HBT 퍼티그 재킷)
도입연도	1946년 1월 7일
원단재질	HBT
원단색상	OD-7

1947 HBT 재킷은 최종 패턴까지 큰 변화가 없어 사실상 한가지 형태로 생산되었다. 이전 패턴인 1943 HBT 퍼티그 유니폼과 비교했을 때 커다란 카고 포켓이 1943 HBT 퍼티그 유니폼 45E형에서 시험 되었던 육각형 패치 포켓으로 대체된 것이 가장 큰 구분 점이다. 또한 가스 플랩과 소맷단 커프스가 삭제되는 등 전반적으로 더욱 단순화되었다.

이전 퍼티그 유니폼들과는 달리 겉옷의 역할 없이 셔츠처럼 착용하도록 설계되었으며 이에 따라 사이즈도 전반적으로 작아졌다.

---

(1) 셔츠형 컨버터블 칼라가 적용되었으며 소맷단의 커프스는 삭제되었다.
(2) 앞섶에는 노출형 단추 여밈이 사용되었다.
(3) 가슴에는 한쌍의 육각형 패치 포켓과 단추 1개로 고정되는 직사각형 뚜껑이 적용되었다.
(4) 좌측 패치 포켓 내부에는 펜꽂이가 적용되었다.
(5) 원단에 리벳된 금속 단추 혹은 OD색 베이클라이트 단추가 적용되었다.

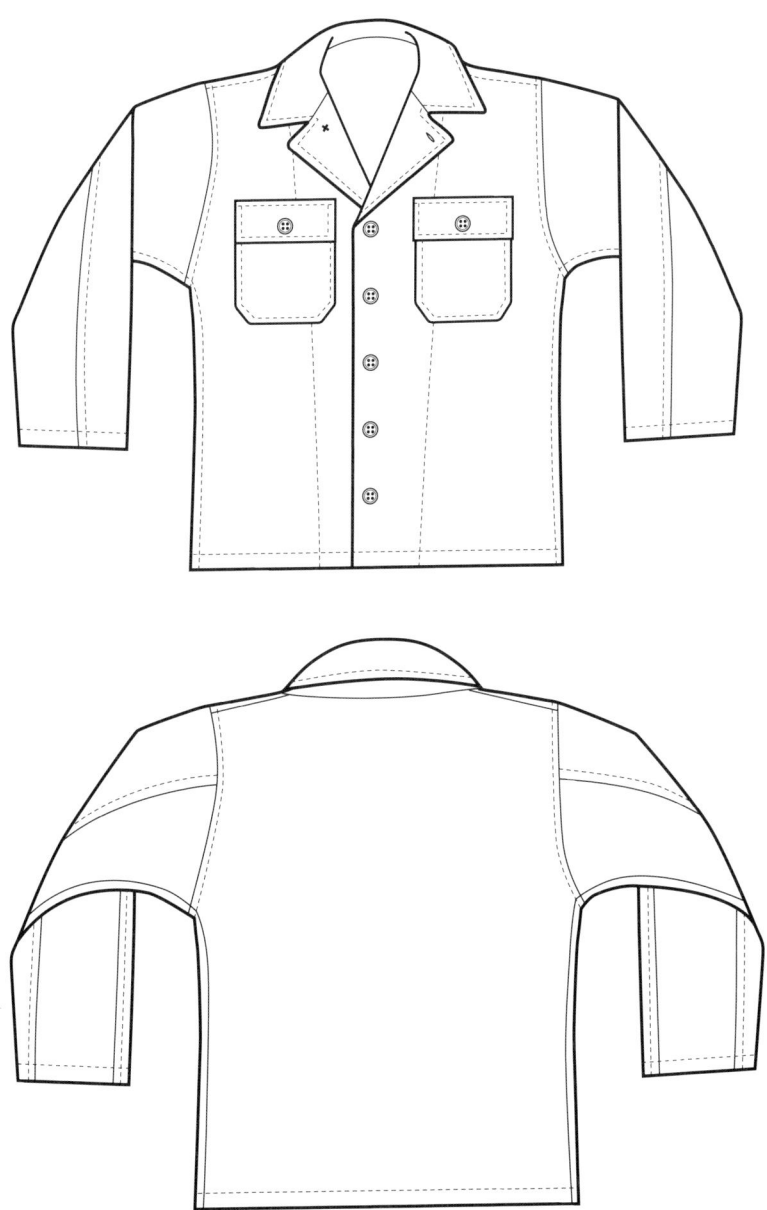

비 고	사양 번호 6-373 ~ MIL-T-838A
의 복 명	Trousers, Herringbone Twill, OD-7 OD-7 HBT 바지 (1947 HBT 퍼티그 바지)
도입연도	1945년
원단재질	HBT
원단색상	OD-7

1947 HBT 바지는 최종 패턴까지 큰 변화가 없어 사실상 한가지 형태로 생산되었다. 재킷과 마찬가지로 커다란 카고 포켓이 앞/뒷면의 패치 포켓으로 대체되었으며 이로 인해 전체적으로 민간 작업복에 가까운 패턴이 되었다.

허리에는 단추식 어드저스터가 적용되었다.

이전 퍼티그 유니폼들과는 달리 겉옷의 역할은 고려되지 않았으며 이에 따라 사이즈도 전반적으로 작아졌다.

---

(1) 바지 여밈은 맨 윗 단추 외에는 히든 처리된 버튼 플라이가 적용되었다.
(2) 전면에는 한쌍의 패치 포켓이, 후면에는 한쌍의 오각형 패치 포켓과 단추 1개로 고정되는 직사각형 뚜껑이 적용되었다.
(4) 양쪽 허리 측후면에는 단추식 어드저스터가 적용되었다.
(5) 원단에 리벳된 금속 단추 혹은 OD색 베이클라이트 단추가 적용되었다.

Section 03 - II
OG-107 유틸리티 유니폼

의 복 명 Jacket, Cotton, Sateen, OG-107(1952~1962)
Shirts, Cotton, Sateen, OG-107(1962~)
Trousers, Cotton, Sateen, OG-107
유틸리티 유니폼
(OG-107 유니폼)
도입연도 1952년
원단재질 8.5oz 새틴(면), 8.8oz 새틴(면, 1963년 이후), 면 트윌(3세대 일부)
원단색상 OD-7(초기), OG-107

흔히 OG-107 유니폼으로 불리는 유틸리티 유니폼은 1947 HBT 퍼티그 유니폼의 패턴을 기반으로 설계된 전투복이다. 가장 큰 변경점은 원단으로, 2차세계대전기부터 작업복에 사용되어 온 HBT 원단이 더 가볍고 튼튼한 8.5oz 새틴 원단으로 대체되었으며, 기존 OD-7색상 대신 더 밝고 푸른빛을 띠는 OG-107색상이 적용되었다.

초기에는 기존 1947 HBT 퍼티그 유니폼과 완전히 동일한 패턴을 사용했으나, 도입 후 지속적으로 개량이 진행되며 개정된 사양에 따른 다양한 패턴이 존재한다. 후대의 연구가들은 형태 기준으로 크게 세 가지 패턴을 구분하곤 하는데 이 책에서도 해당 분류에 따라 재킷을 1, 2, 3세대로, 바지는 1, 2세대로 구분해 수록했다.

A) 1세대 OG-107 유니폼을 착용한 미 육군 101 공수사단 소속 기술병(SP(4). (1960년경)
B) 3세대 OG-107 유니폼을 착용한 미 육군 1사단 소속 상병(CPL). (1970년경)

OD-7 유틸리티 재킷
2기갑사단 본부 소속 이병의 재킷으로 OG-107 도입 직전에 소수 도입된 OD-7색상 재킷.

1세대 OG-107 유틸리티 재킷
101공수사단 소속 SP5(기술병)의 재킷.

2세대 OG-107 유틸리티 재킷

11기갑기병 연대 소속 기갑병과 소령의 재킷.

3세대 OG-107 유틸리티 재킷

99 예비군 사령부 소속 대원의 재킷.

비 고	사양 번호 MIL-J-3001 ~ D
의 복 명	Jacket, Utility, Cotton, OD-7(1951~) Jacket, Utility, Cotton, OG-107 (1952~) Shirts, Cotton, Sateen, OG-107 (1958~) OG-107 유틸리티 재킷/셔츠 (1세대 OG-107 재킷/셔츠)
도입연도	1952년
원단재질	8.5oz 새틴
원단색상	OD-7(극초기), OG-107

유틸리티 재킷 계열의 기반이 되는 최초의 패턴이다. 1947 HBT 재킷과 동일한 패턴을 사용했다.

1958년에는 사양 번호가 MIL-S-3001C로 개정되며 데님 퍼티그 유니폼부터 이어져 온 제식 명칭이 재킷에서 셔츠로 변경되었으며, 1943 HBT 퍼티그 유니폼 후기부터 이어져온 스탬프 라벨 대신 재봉된 천 라벨이 적용되기도 했다.

도입 직전 1951~52년의 짧은 기간 동안 OD-7색상 8.5oz 새틴 원단이 적용된 Jacket, Utility, Cotton, OD-7(사양 번호 MIL-J-3001A)이 생산되기도 했다.

---

(1) 셔츠형 컨버터블 칼라가 적용되었으며 소맷단의 커프스는 삭제되었다.
(2) 앞섶에는 노출형 단추 여밈이 사용되었다.
(3) 가슴에는 한쌍의 육각형 패치 포켓과 단추 1개로 고정되는 직사각형 뚜껑이 적용되었다.
(4) 좌측 패치 포켓 내부에는 펜꽂이가 적용되었다.
(5) OD색 플라스틱 단추가 적용되었으며 금속 원형 단추의 재고가 사용되기도 했다.

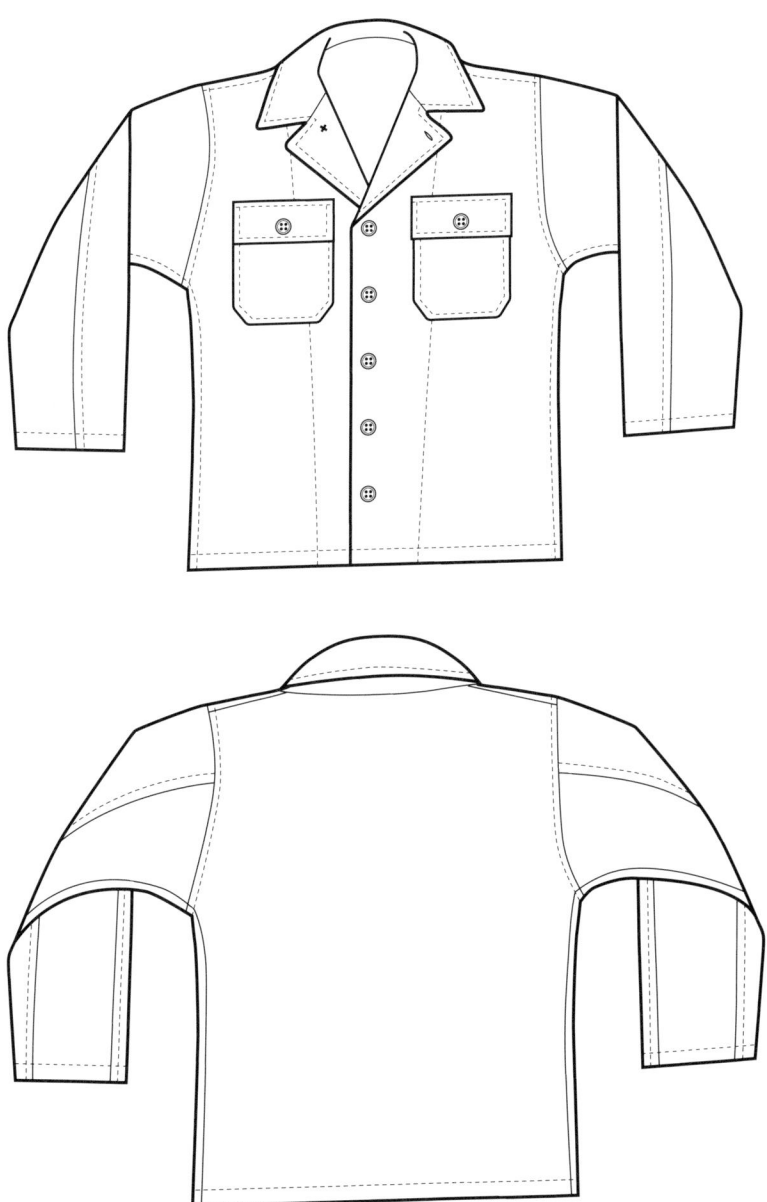

비 고	사양 번호 MIL-J-3001E
의복명	Shirts, Cotton, Sateen, OG-107 OG-107 유틸리티 셔츠 (2세대 OG-107 셔츠)
도입연도	1963년
원단재질	8.8oz 새틴
원단색상	OG-107

보통 2세대로 구분되는 유틸리티 셔츠의 1963년 패턴이다. 얼마 지나지 않아 대체되었기 때문에 생산량 및 실제 사용량은 적다.

미 육군 근무복 셔츠와 동일한 형태의 펜꽂이 입구가 적용된 육각형 패치 포켓 뚜껑과 손목의 단추식 탭, 후면 어깨의 다트 등 많은 부분이 추가 되었다. 그 외에도 셔츠 형태에 가깝도록 앞섶 여밈 단추의 간격이 균일하게 조정되었고 허리 라인도 조정되었으며, 사이즈 표기 방식도 '목둘레 X 팔길이'의 미국 셔츠 식으로 변경되었다. 원단도 약간 더 두꺼운 8.8oz 새틴 원단이 적용되었다.

마지막이자 후기 계약분인 1965년 초 계약분은 커프스의 단추식 탭이 삭제된 채 생산되었다.

---

(1) 셔츠형 컨버터블 칼라와 단추식 탭이 달린 커프스가 적용되었다.
(2) 앞섶에는 노출형 단추 여밈이 사용되었으며 단추 간격이 모두 동일하게 조정되었다.
(3) 가슴에는 한쌍의 육각형 패치 포켓과 단추 1개로 고정되는 육각형 뚜껑이 적용되었다.
(4) 좌측 패치 포켓 내부에는 펜꽂이가 적용되었으며 포켓 뚜껑 상단에 입구 2개가 적용되었다.
(5) 후면 상단에 세로 다트가 좌우 한쌍 적용되었다.
(6) OD색 플라스틱 단추가 적용되었다.

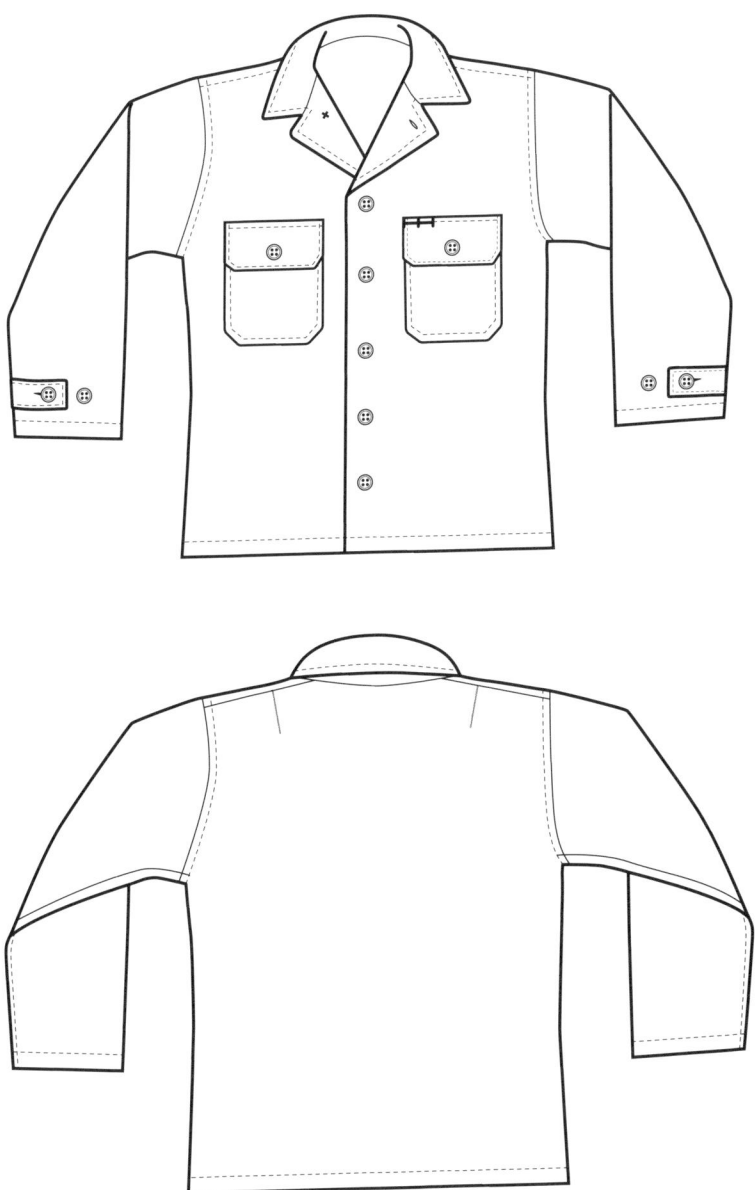

비 고	사양 번호 MIL-S-3001F~
의복명	Shirts, Cotton, Sateen, OG-107 OG-107 유틸리티 셔츠 (3세대 OG-107 셔츠)
도입연도	1964년
원단재질	8.8oz 새틴, 면 트윌(후기 일부)
원단색상	OG-107

보통 3세대로 구분되는 유틸리티 셔츠의 최후 패턴이다. 이후에도 사소한 변경이 있었지만 크게는 이 패턴이 최후 패턴에 해당하며 미 육군의 마지막 유틸리티 유니폼인 OG-507 유틸리티 유니폼 재킷에까지 적용되었다.

가슴 포켓과 뚜껑의 형태가 오각형으로 변경되었으며 셔츠형 커프스가 적용된 것이 외형적으로 가장 큰 차이점이다. 1966년경부터는 현재까지도 사용되는 두꺼운 플라스틱 단추가 적용되기도 했다.

---

(1) 셔츠형 컨버터블 칼라와 셔츠형 커프스가 적용되었다.
(2) 앞섶에는 노출형 단추 여밈이 사용되었다.
(3) 가슴에는 한쌍의 오각형 패치 포켓과 단추 1개로 고정되는 오각형 뚜껑이 적용되었다.
(4) 좌측 패치 포켓 내부에는 펜꽂이가 적용되었으며 포켓 뚜껑 상단에 입구 2개가 적용되었다.
(5) OD색 플라스틱 단추가 적용되었다.

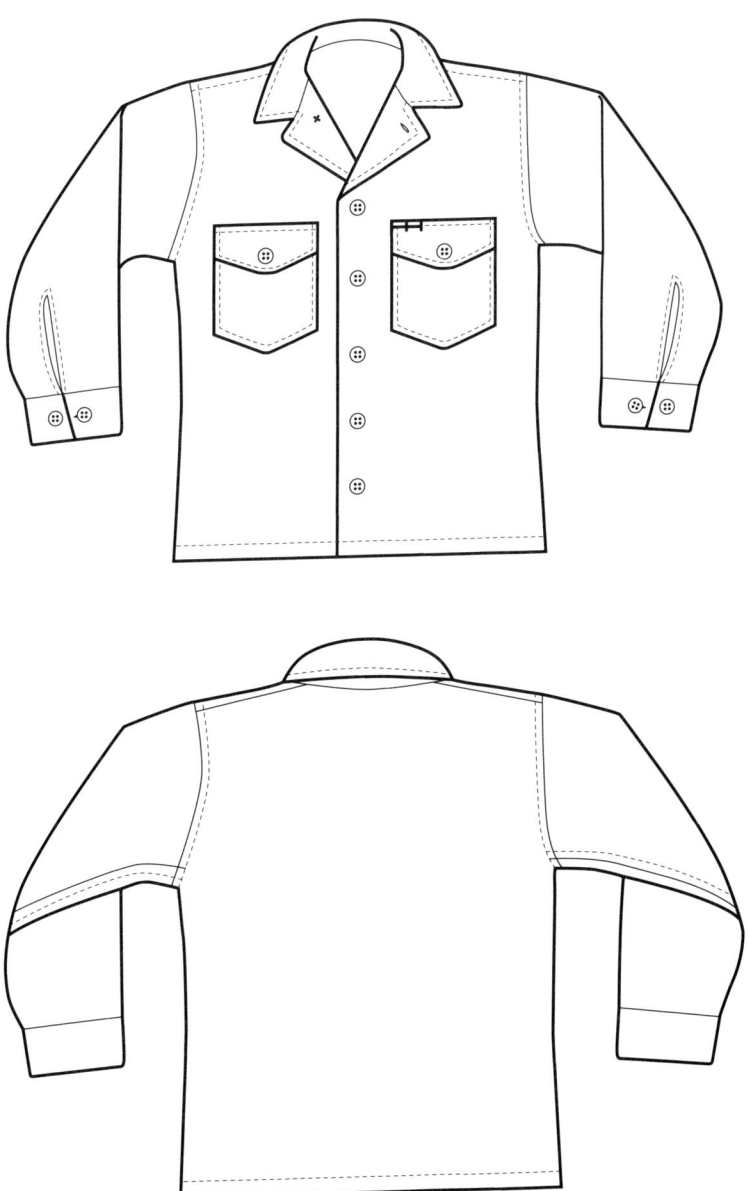

1세대 OG-107 유틸리티 바지 (1958년 이전)

2세대 OG-107 유틸리티 바지

비 고	사양 번호 MIL-T-838B ~
의 복 명	Trousers, Cotton, Sateen, OG-107. OG-107 유틸리티 바지 (1세대 OG-107 바지)
도입연도	1952년
원단재질	8.5oz 새틴
원단색상	OG-107

유틸리티 바지 계열의 기반이 되는 최초의 바지 패턴이다. 1947 HBT 바지의 패턴을 사용했다.

1958년부터는 재킷과 마찬가지로 스탬프 식 라벨 대신 재봉된 천 라벨이 적용되었으며 1964년 2세대로 변경되기 직전부터 사이즈 표기 방식이 '허리둘레 X 밑아래 길이'로 변경되기도 했다.

재킷과 마찬가지로 1951~52년 사이의 기간 동안 OD-7색상 8.5oz 새틴 원단이 적용된 바지가 생산되기도 했다.

---

(1) 바지 여밈은 맨 윗 단추 외에는 히든 처리된 버튼 플라이가 적용되었다.
(2) 전면에는 한쌍의 패치 포켓, 후면에는 한쌍의 오각형 패치 포켓과 단추 1개로 고정되는 직사각형 뚜껑이 적용되었다.
(3) 양쪽 허리 측후면에는 단추식 어드저스터가 적용되었다.
(4) OD색 플라스틱 단추가 적용되었으며 금속 원형 단추의 재고가 사용되기도 했다.

비 고	사양 번호 MIL-T-838
의 복 명	Trousers, Cotton, Sateen, OG-107. OG-107 유틸리티 바지 (2세대 OG-107 바지)
도입연도	1964년
원단재질	8.8oz 새틴
원단색상	OG-107

보통 2세대로 구분되는 유틸리티 바지의 후기형이다. 이후에도 사소한 변경이 있었지만 크게는 이 패턴이 최후 패턴에 해당하며 미 육군의 마지막 유틸리티 유니폼인 OG-507 유틸리티 유니폼 바지에까지 적용되었다.

허리의 어드저스터가 삭제된 것이 가장 큰 차이점이며, 초기에는 밑단 전면 내부에 조임 끈을 넣을 수 있는 구멍이 적용되기도 했으나 이후 삭제되었다. 원단도 8.8oz 새틴으로 약간 더 두꺼워졌다.

1960년대 말부터는 바지 여밈에 지퍼 플라이가 적용되거나 트윌(면) 원단이 적용된 변형도 생산되었다.

---

(1) 바지 여밈은 맨 윗 단추 외에는 히든 처리된 버튼 플라이가 적용되었다.
(2) 전면에는 한쌍의 패치 포켓, 후면에는 한쌍의 오각형 패치 포켓과 단추 1개로 고정되는 직사각형 뚜껑이 적용되었다.
(3) OD색 플라스틱 단추가 적용되었다.

Section 03 - III
OG-507 유틸리티 유니폼

의 복 명   Shirts/Trousers, Utility, Durapress, OG-507
   (OG-507 유틸리티 유니폼)
도입연도   1975년
원단재질   Durable Press(면/폴리 혼방)
원단색상   OG-507

1973년부터 미 육군은 면 재질의 기존 유틸리티 유니폼을 대체하기 위한 새로운 원단의 연구를 진행했다. 그 결과 1975년에는 화학 처리된 면/폴리 혼방 원단 'Durable Press'가 새롭게 도입되었으며, 어두운 올리브 색상인 OG-507색상이 적용되었기 때문에 이 원단을 적용한 새로운 유틸리티 유니폼도 'OG-507 유틸리티 유니폼'으로 명명 되었다.

새로운 Durable Press 원단은 내구성과 편의성이 면 새틴 원단보다 개선되었지만, 통기성과 착용감이 떨어지고 다림질로 각을 잡을 수 없는 원단의 특징으로 인해 병사들이 원하는 각잡힌 모습도 만족시키지 못했기에 현장의 평은 그다지 좋지 못했다. OG-507 유틸리티 유니폼은 1980년대 초반까지 사용된 미 육군 최후의 유틸리티 유니폼이었으며 미 육군에서는 1985년까지 사용되었다.

OG-507 유틸리티 유니폼은 형태적으로는 기존 OG-107 유니폼 최후기형과 동일한 패턴이기에 3세대 OG-107 유니폼의 변형으로 구분하기도 한다.

OG-507 유니폼을 착용한 미 육군 2사단 소속 소위. (1980년경)

OG-507 유틸리티 재킷
2사단 소속 장교의 재킷. 계급장과 부대 휘장은 제거된 상태.

OG-507 유틸리티 바지

비　　고	사양 번호 MIL-S-43929
의 복 명	Shirts, Utility, Durable Press, OG-507 OG-507 유틸리티 셔츠
도입연도	1975년
원단재질	Durable Press
원단색상	OG-507

사양 번호는 달라졌지만 원단만 'OG-507 Durapress'로 대체되었을 뿐 3세대 유틸리티 셔츠의 패턴을 그대로 사용했다.

원단 외에는 내부의 노란색으로 염색된 케어 라벨로 쉽게 구분 할 수 있다.

---

(1) 셔츠형 컨버터블 칼라와 셔츠형 커프스가 적용되었다.
(2) 앞섶에는 노출형 단추 여밈이 사용되었다.
(3) 가슴에는 한쌍의 오각형 패치 포켓과 단추 1개로 고정되는 오각형 뚜껑이 적용되었다.
(4) 좌측 패치 포켓 내부에는 펜꽂이가 적용되었으며 포켓 뚜껑 상단에 입구 2개가 적용되었다.
(5) OD색 플라스틱 단추가 적용되었다.

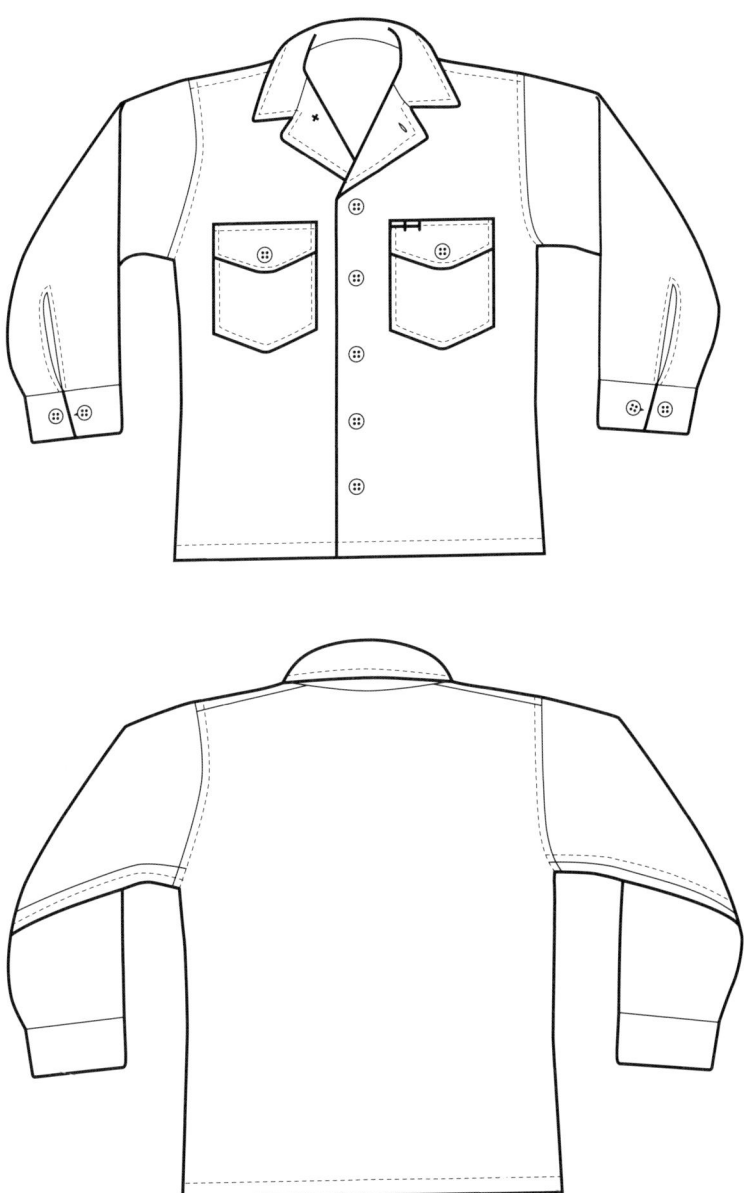

비 고	사양 번호 MIL-T-43932
의 복 명	Trouser, Utility, Durable Press, OG-507 OG-507 유틸리티 바지
도입연도	1975년
원단재질	Durable Press
원단색상	OG-507

사양 번호는 달라졌지만 원단만 'OG-507 Durapress'로 대체되었을 뿐 2세대 유틸리티 바지 패턴을 그대로 사용했다.

원단 외에는 내부의 노란색으로 염색된 케어 라벨로 쉽게 구분 할 수 있다.

(1) 바지 여밈은 지퍼 플라이가 적용되었다.
(2) 전면에는 한쌍의 패치 포켓이, 후면에는 한쌍의 오각형 패치 포켓과 단추 1개로 고정되는 직사각형 뚜껑이 적용되었다.
(3) OD색 플라스틱 단추가 적용되었다.

Appendix
개조된 유틸리티 유니폼

1950~1960년대의 유틸리티 유니폼에서는 이전에도 이후에도 흔치 않던 독특하고 다양한 현장 개조 사례들이 유독 자주 발견되곤 한다. 이러한 개조는 장교와 사병은 물론 개인이나 부대단위를 가리지 않고 시행되었다. 수없이 다양한 개조 사례가 존재하지만, 이 책에서는 분량상 그 중 대표적인 일부만을 소개해 본다.

먼저 견장대를 추가하는 개조가 흔히 확인된다. 2차세계대전기 직후까지 미 육군에서 표준 군복으로 사용되었던 서비스 유니폼은 주로 견장대를 중심으로 장교와 사병용에 외형적 차이를 두었다. 견장대는 단순한 장식적인 의미 외에도 계급장, 휘장, 호루라기 등 장교 및 지휘관(자)을 위한 기능은 물론 그 자체로 계급과 직책을 상징하기도 했다. 이 때문에 계급을 불문하고 동일한 외형으로 설계된 유틸리티 유니폼이 전 군에서 사용되기 시작했던 1950년대 이후에도 장교 및 지휘관(자)들이 기존 관습에 따라 견장대를 추가했으리라 추측할 수 있다. 혹은 1947년부터 장교와 사병용 모두 견장대가 달린 형태로 통일된 서비스 유니폼이

사진 A-1　한국 주둔 8군 소속 Allen Haynes 대령의 사진.
어깨에 펜꽂이가 추가된 1943 HBT 퍼티그 재킷을 착용중이다. (1952년)
(출처 : Shelby L. Stanton(2002), U.S. Army Uniforms of the Korean War)

사진 A-2 리틀록 사건 당시 출동한 미 육군 101공수사단 병력. 유틸리티 유니폼 바지 측면에 카고 포켓을 추가한 개조가 확인된다. (1957년)

근무복으로 사용되면서 근무복 착용에 익숙한 일부 병력이 관습적으로 유틸리티 유니폼에도 동일한 개조를 했으리라는 추측도 가능하다.

주머니 개조도 흔한 경우였다. 그중 첫 번째가 주머니 수선으로, 각종 HBT 퍼티그 유니폼들이 전후에도 이후에도 지속적으로 사용되었기 때문에 1943 HBT 퍼티그 유니폼 재킷의 대형 카고 주머니를 당대 경향에 맞춰 단순 축소, 혹은 아예 근무복 주머니처럼 개조하는 경우가 종종 확인된다. 어깨에 소형 포켓과 펜꽂이가 추가되는 개조도 주로 평소 과업에서 필기구를 사용할 일이 많은 지휘관(자) 혹은 행정 병력을 중심으로 시행되었는데, 특히 한국전쟁 후반부터 한국 주둔 병력에서 주로 발견된다. 그 외에는 창설 시부터 피복에 최대한 많은 수납량을 요구해 왔던 낙하산 공수부대를 중심으로 유틸리티 바지의 측면에 카고 포켓을 추가하는 개조를 종종 확인할 수 있다.

계급과 업무에 따라 임무별로 비교적 다양한 종류의 의복들을 사용하던 1940년대 이전의 미 육군 병력은 1950년대를 전후해 퍼티그 유니폼 기반의 유틸리티 유니폼으로의 의복 통일 과정을 겪는다. 유틸리티 유니폼의 개조들은 이러한 과정에서 이전까지 이러한 퍼티그 유니폼 기반의 의복 체계에 익숙하지 않았던 이전 세대 의복 사용자들이 나름대로 이 현대적 전투복에 적응하는 과정이 아니었을까.

카고 포켓 축소 개조가 적용된 OD-8색상 1943 HBT 퍼티그 재킷

1953년 이전까지 부대 재량으로 부착되곤 했던 OD색상의 비 규격 명찰을 확인할수 있다.

견장대 추가 개조가 적용된 미 육군 기갑학교 소속 중위의 1세대 OG-107 재킷
견장 원단의 색상과 마모도의 차이로 보아 다른 의복을 분해해 개조했으리라 추측할수 있다.

CHAPTER 4
TCU (열대 전투복)

Tropical Combat Uniform
04 TCU

- 140 상의 - Coat, Man's, Combat, Tropical (1세대)
- 142 상의 - Coat, Man's, Combat, Tropical (2세대)
- 146 상의 - Coat, Man's, Combat, Tropical (3세대 초기형)
- 147 상의 - Coat, Man's, Combat, Tropical / -Ripstop. (3세대)
- 150 상의 - Coat, Man's, Combat, Tropical -Ripstop. (4세대)
- 156 하의 - Trousers, Mens, Combat, Tropica. (1세대)
- 158 하의 - Trousers, Mens, Combat, Tropica. (2세대)
- 162 하의 - Trousers, Mens, Combat, Tropical / -Ripstop (3세대)
- 166 하의 - Trousers, Mens, Combat, Tropical -Ripstop (4세대)

ABOUT
TCU (열대 전투복)

TCU의 도입

1950년대부터 특수부대를 중심으로 베트남-인도차이나에 개입하고 있던 미군은 유틸리티 유니폼을 포함한 다양한 의복을 사용하고 있었으나 어느 하나도 덥고 습한 동남아시아의 열대 기후에서 착용하기에 만족스럽지 못했다. 다행히도 높은 기온에서 열로 인한 피해를 최소화하기 위한 열대/더운 날씨 전용 전투복의 연구는 1950년대부터 이미 진행되고 있었고, 1962년 현장의 요청 직후 그 프로토타입 중 하나가 선행 시험 없이 긴급 도입되어 이듬해 여름부터 곧바로 베트남의 미군 특수부대 및 군사 고문단에 지급되었다.

이 열대 전투복이 바로 흔히 **정글 퍼티그**라는 이름으로 불리는 TCU(Tropical Combat Uniform, **열대 전투복**)이다. TCU는 2차세계대전 당시 낙하산 공수부대원들에게 지급되었던 M-1942 점프슈트의 패턴을 참고해 설계되어 상의에 4개, 하의에 2개의 카고 포켓이 적용되어 근무복 셔츠/바지의 패턴과 크게 다를 것이 없었던 유틸리티 유니폼보다 기능적으로 훨씬 진일보한 패턴으로 설계되었다. 또한 내어 입게 설계된 상의와 새틴보다 얇고 속건성이 뛰어난 면 포플린 원단은, 열 배출에 유리해 습하고 더운 환경에서 사용하기에 적합했다. 1968년부터는 낙하산에 사용되던 립스톱(Ripstop) 직조

사진 4-1   TCU의 원형이 되는 M-1942 점프슈트.

가 추가된 립스톱 포플린 원단이 적용되어 찢어짐에 대한 저항 및 전반적인 내구성이 향상되기도 했다. 이 립스톱 직조방식은 이후 포플린 이외에도 다양한 군용 원단에 본격적으로 적용되기 시작했으며 이후 현대까지도 각종 군복에 널리 사용되고 있다.

초기 특수전 부대를 위주로 도입되었던 TCU는 점차 베트남 파병 미군의 주요 의복으로 자리 잡아갔다. 1965년 부터 미 지상군이 공식적으로 참전하며 베트남 주둔 미군의 규모가 급증함에 따라 TCU의 수요 역시 급증했으며 1967년부터는 공식적으로 베트남 파병부대의 표준 의복으로 선정, 육, 해, 공, 해병 미군 전 병력에 지급되며 베트남 전쟁기 미군의 상징과도 같은 의복이 되었다.

TCU는 비록 열대 전투복이라는 한정적인 용도의 전투복으로 개발되어 동남아시아 주둔 병력에 한정적으로 지급되었지만, 통일성과 생산성과 같은 비 전술적 측면을 중시하던 기존 유틸리티 유니폼과는 달리, 적응성과 기능성과 같은 전술적 측면에 집중한 선진적인 전투복이었다. 이 덕분에 TCU는 베트남 전쟁이 끝난 뒤 십여 년 후까지 꾸준히 사용될 수 있었으며, 최종적으로는 열대 지역 한정의 전투복이라는 태생적 한계를 뛰어넘어 유틸리티 유니폼으로 대표되는 전통적인 미 육군 퍼티그 유니폼 계보를 대체하는 새로운 미 육군 전투복의 계보를 열게 된다.

사진 4-2   TCU를 착용한 전형적인 베트남전의 미 육군 보병들의 모습. (1967년 장소불명)

위장 무늬 전투복

사진 4-3 　정방형 격자가 반복되는 립스톱 직조.

한편 TCU는 2차세계대전 이후 제한적으로나마 공식적으로 도입된 미 육군 최초의 위장 무늬 전투복이기도 했다. 여기에 적용된 ERDL 위장 무늬는 미 육군 공학 연구 및 개발 연구실(USAERDL, US Army Engineer Research & Development Laboratories)에서 1948년 개발된 위장 무늬로, 개발처 이름에서 따온 ERDL 혹은 M-1948이라고 불리는 녹지용 4색 위장 무늬였다.

보수적인 미 육군 수뇌부는 위장 무늬 전투복 도입에 회의적이었기에 1960년대 중반까지도 미 육군에서 위장 무늬는 제한적인 용도로만 사용되고 있었지만, 초기형 ERDL 위장 무늬가 남베트남군용 전투복에 적용되어 호평받은 것을 계기로 흔히 '라임 ERDL'이라고 불리는 개량된 ERDL 위장 무늬가 적용된 TCU가 1967년경부터 특수전 부대의 요청으로 소수 도입되었다. 얼마 지나지 않아서는 색조를 조절해 위장 성능이 향상된 흔히 **브라운 ERDL**로 불리는 NLABS(Natlick LABatorieS의 약자로, 개발처인 미 육군 내틱 연구소의 이름을 따 명명되었다.) **ERDL 위장 무늬**가 도입되었으며, 점차 기존 ERDL 위장 무늬를 대체했다.

ERDL 위장 무늬의 효용성이 실전에서 입증됨에 따라 미 해병대는 1968년부터 공식적으로 위장 무늬 TCU로 기존 전투복을 대체해 나갔으며 1970년부터는 아예 제식 전투복으로 도입하기까지 한다. 미 육군 역시 ERDL TCU의 수량이 충분해지는 1970년대에는 특수전 부대 외의 정규군 전투병들도 ERDL TCU를 지급받기도 했으나, 보수적인 미 육군은 여전히 공식적인 위장 무늬 전투복의 도입은 꺼렸기에 미 육군에서 위장 무늬 전투복을 제식 전투복으로 받아들이기 위해서는 아직도 10여 년의 시간이 더 필요했다.

TCU는 1960년대 중반 이후에도 보급이 충분치 못해서 1965년 이후 미 육군이 본격적으로 베트남에 파병되었을 때에는 제법 많은 병력이 기존 유틸리티 유니폼을 그대로 착용해야 했으나 1960년대 후반 TCU의 보급이 충분해진 후로는 유틸리티 유니폼의 착용은 금지되었다.

베트남 전쟁이 격화되며 미군이 부착한 고 시인성의 화려한 휘장들의 위장 성능이 문제가 되었다. 이 때문에 미군은 1966년부터 점진적으로 저 시인성(Subdued) 휘장을 도입, 1969년대 후반부터는 전 군으로 확대되었으며 현재까지 이어지고 있다.

TCU는 미군뿐 아니라 태국군 등 베트남 참전 우방국에 공여되기도 했다.

전후 1980년대 중반까지도 미군에서 열대/더운 날씨용 전투복이 제대로 보급되지 못했기 때문에 1980년대까지도 동남아시아와 남미 같은 열대 지역 주둔 병력에 지급되기도 했다.

사진 4-4   그레나다 침공 'Urgent Fury'작전 당시 TCU를 착용중인 미 육군 75레인저 연대 소속 병사들. (1983년 그레나다)

Section 04
TCU (Tropical Combat Uniform)

의복명	Coat, Man's, Combat, Tropical
	Trousers, Mens, Combat, Tropical
	TCU(열대 전투복)
	(정글 퍼티그)
도입연도	1962년
원단재질	포플린(면), 립스톱 포플린(면)
원단색상	OG-107, ERDL 위장 무늬, ERDL NLABS-1 위장 무늬

미국의 베트남-인도차이나 개입을 계기로 도입된 열대/더운 날씨용 전투복인 TCU는 재킷과 바지의 총 6개의 카고 포켓과 가볍고 속건성이 뛰어난 포플린 원단 등 기존 미 육군 전투복 및 퍼티그 유니폼보다 발전된 기능적인 전투복이었다. 1960년대 중후반부터는 ERDL 위장 무늬가 적용되며 위장 무늬 전투복의 역할을 하기도 했다.

TCU는 전시에 긴급하게 도입되었던 의복이었기 때문에 전쟁 내내 짧은 주기로 지속적인 개량이 적용되었으며, 이 때문에 재킷과 바지별로 다양한 패턴이 존재한다. 이 책에서는 일반적으로 알려진 기준에 약간의 분류를 추가해 재킷과 바지를 크게 각각 4+1개와 4개의 패턴으로 구분했다.

A) 1세대 TCU 상/하의를 착용한 미 육군 82공수사단 소속 상사(SFC). (1965년경)
B) 3세대 TCU 상/하의를 착용한 주월 미군 사령부 소속 기술병(SP4). (1970년경)

1세대 TCU 재킷
82공수사단 중사의 재킷.

2세대 TCU 재킷
25사단 소속 대원의 재킷.

초기형 3세대 TCU 재킷

4세대 TCU 재킷 - ERDL 위장 무늬

ERDL 위장 무늬가 인쇄된 립스톱 포플린 원단이 적용되어 있다.

비 고	사양 번호 MIL-C-43199
의 복 명	Coat, Man's, Combat, Tropical TCU(열대 전투복) 재킷 (1세대 정글 퍼티그 재킷)
도입연도	1962년
원단재질	포플린
원단색상	OG-107

TCU 재킷 계열의 기반이 되는 최초의 패턴이다. 사선으로 적용된 전면 4개의 카고 포켓 등 TCU 계열이 공유하는 보편적인 특징 외에도 허리의 조임대와 카고 포켓 뚜껑 위로 노출된 단추가 적용되었으며, 원본이 되는 M-1942 점프슈트에서 그대로 따온 듯한 어깨의 견장이 특징이다. 또한 2차세계대전기에 사용되던 가스 플랩이 적용되었으나 여전히 그다지 쓸모는 없었다.

이후 패턴들과 달리 최상단을 제외한 앞섶 여밈 단추가 한개 더 많은 5개로 그 간격도 더 좁다.

---

(1) 셔츠형 컨버터블 칼라와 단추식 커프스가 적용되었다.
(2) 앞섶에는 최상단 하나를 제외하고 히든 처리된 단추 여밈이 사용되었다.
(3) 전면에는 소형 대형 각 한쌍의 카고 포켓과 단추 2개로 고정되는 사선형 뚜껑이 사선으로 적용되었으며, 각 카고 포켓 중앙에는 주름이, 하단에는 배수구가 적용되었다.
(4) 상단 한쌍의 카고 포켓 내부에는 펜꽂이가 적용되었으며 뚜껑 상단에 펜꽂이 입구 1개씩이 적용되었다.
(5) 어깨에는 단추 1개로 고정되는 견장 한쌍이 적용되었다.
(6) 후면 허리에는 단추식 조임대가 적용되었다.
(7) 앞섶 안쪽에는 단추 2개로 고정되는 가스 플랩이 적용되었다.
(8) 원형 OD색 플라스틱 단추가 적용되었다.

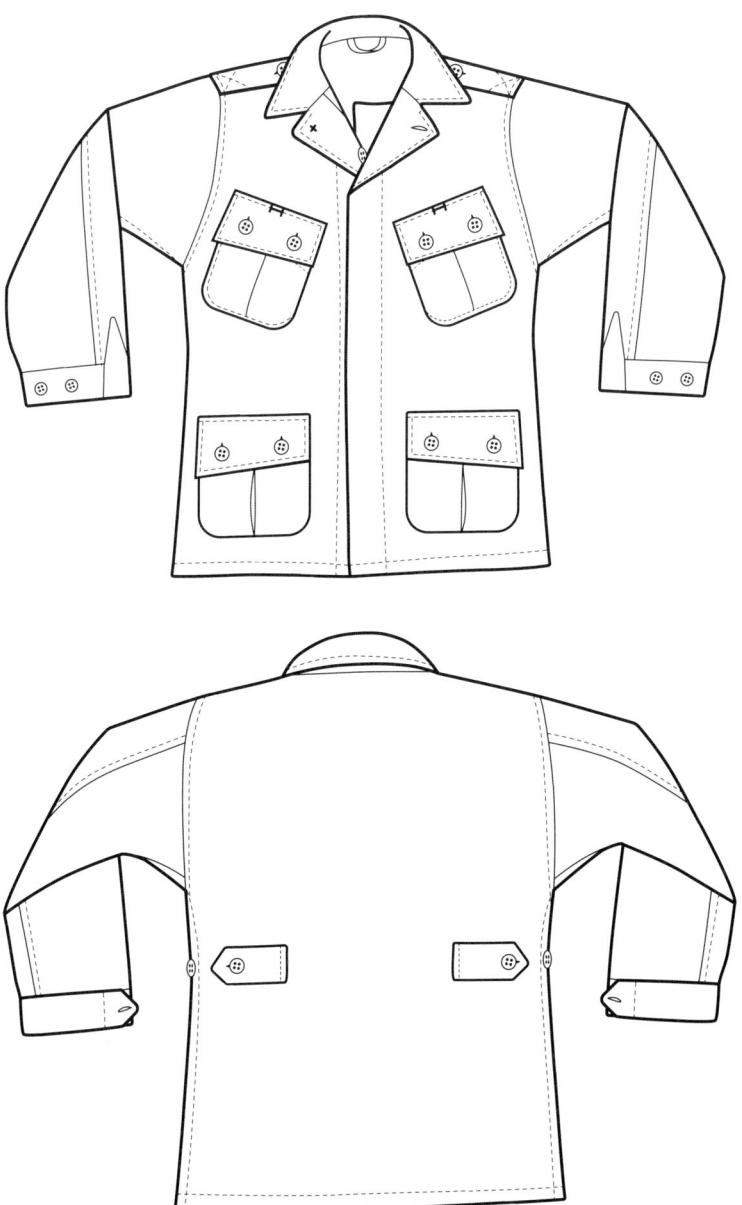

비 고	사양 번호 MIL-C-43199
의복명	Coat, Man's, Combat, Tropical TCU(열대 전투복) 재킷 (2세대 정글 퍼티그 재킷)
도입연도	1965년
원단재질	포플린
원단색상	OG-107

1세대 TCU 재킷의 현장 평가에서 노출된 카고 포켓의 단추들이 수목에 걸리는 문제가 보고되었기 때문에 카고 포켓의 단추를 히든 처리한 패턴이다. 그 외 대부분의 1세대 재킷의 특징들은 유지되었다.

    1965년 말부터는 어깨의 견장대, 허리의 조임대가 단독군장에 간섭 문제로 역시 불필요하게 여겨진 가스 플랩을 포함해 각각의 부속이 삭제 혹은 유지된 다양한 변형이 추가로 생산되기 시작해 1966년대까지 뒤섞여 생산되었다. 이 책에서는 2세대의 특징이 모두 사라진 계약분 이전을 모두 2세대로 구분한다.

---

(1) 셔츠형 컨버터블 칼라와 단추식 커프스가 적용되었다.
(2) 앞섶에는 최상단 하나를 제외하고 히든 처리된 단추 여밈이 사용되었다.
(3) 전면에는 소형 대형 각 한쌍의 카고 포켓과 히든 처리된 단추 2개로 고정되는 사선형 뚜껑이 사선으로 적용되었으며, 각 카고 포켓 중앙에는 주름이, 하단에는 배수구가 적용되었다.
(4) 상단 한쌍의 카고 포켓 내부에는 펜꽂이가 적용되었으며 뚜껑 상단에 펜꽂이 입구 1개씩이 적용되었다.
(5) 어깨에는 단추 1개로 고정되는 견장 한쌍이 적용되었다.
(6) 후면 허리에는 단추식 조임대가 적용되었다.
(7) 앞섶 안쪽에는 단추 2개로 고정되는 가스 플랩이 적용되었다.
(8) 원형 OD색 플라스틱 단추가 적용되었다.

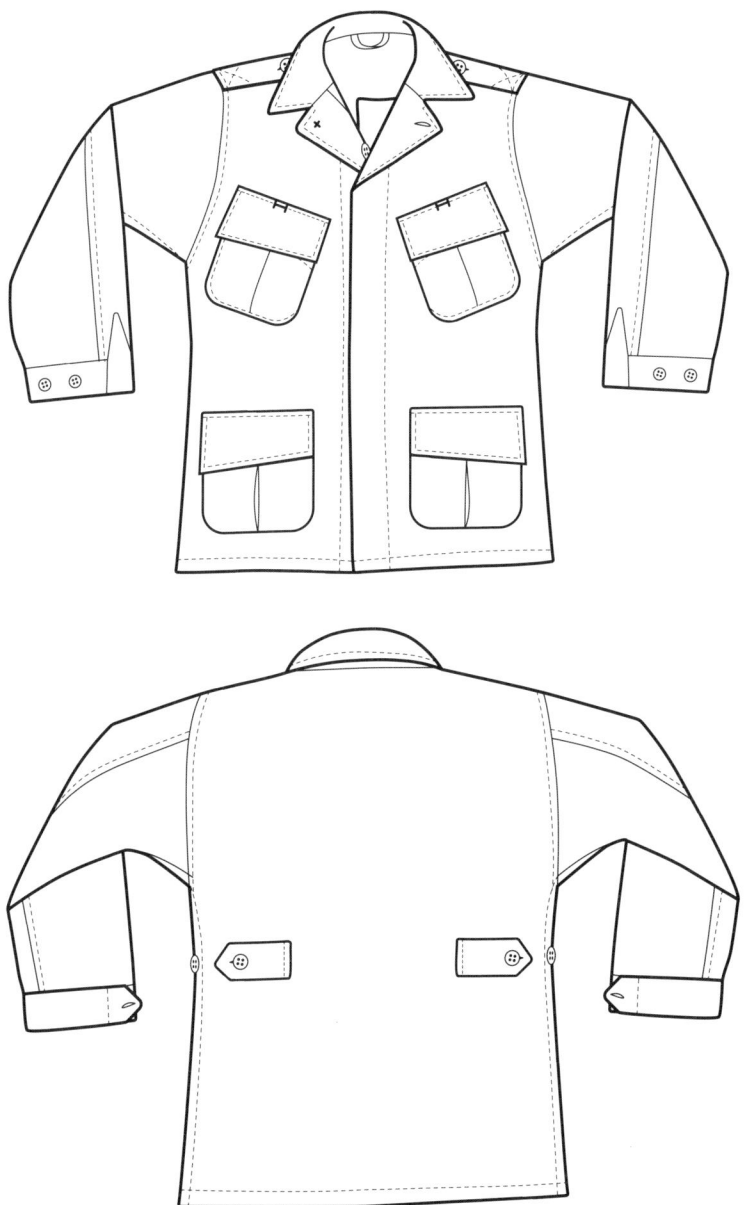

변형 예 A

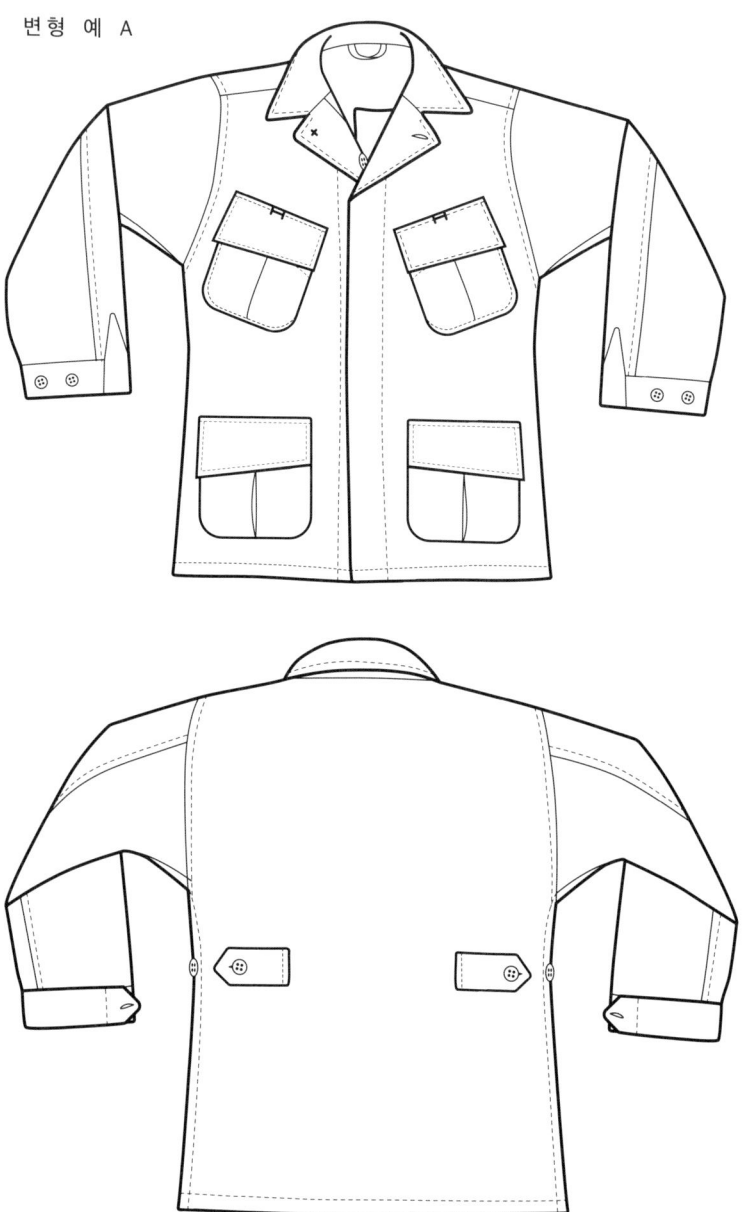

변 형 예 B

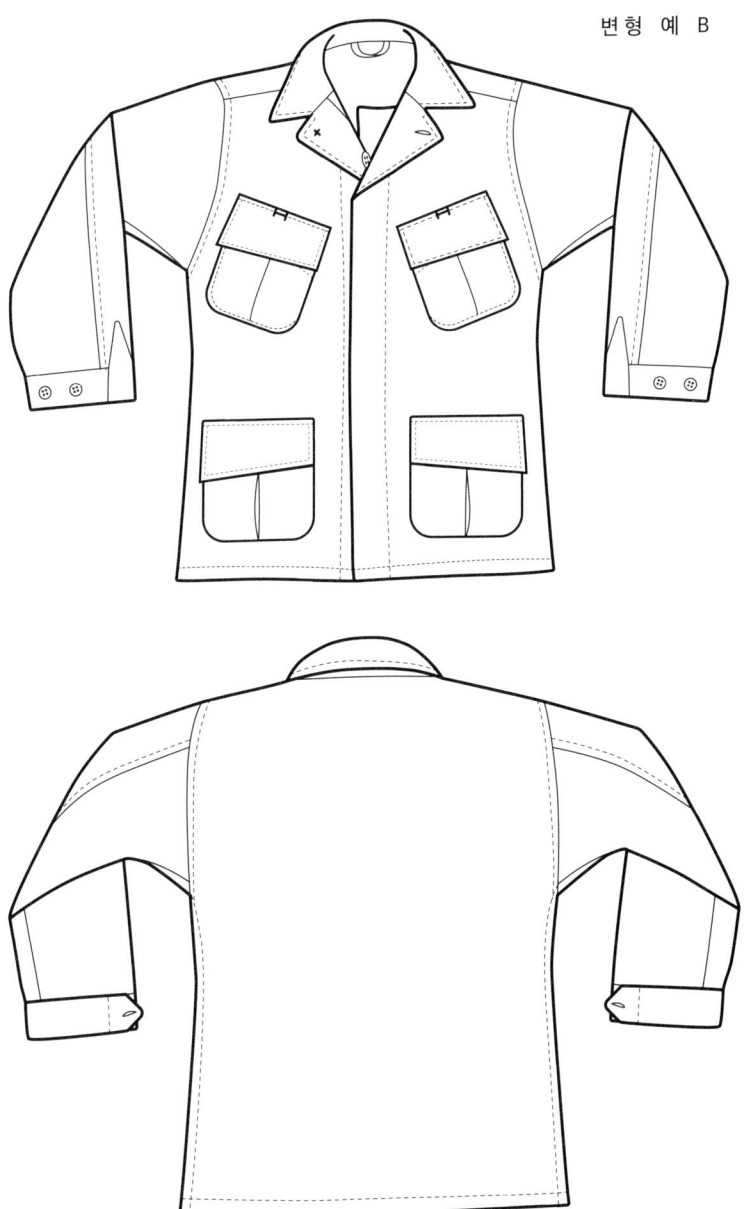

비 고	사양 번호 MIL-C-43199
의 복 명	Coat, Man's, Combat, Tropical TCU(열대 전투복) 재킷 (3세대 초기형 정글 퍼티그 재킷)
도입연도	1966년
원단재질	포플린
원단색상	OG-107, ERDL

2세대 TCU 재킷 운용 도중 부분적으로 적용되었던 큼직한 개량들이 모두 적용된 패턴을 보통 3세대로 구분한다. 견장대, 가스 플랩, 허리의 조임대의 삭제가 대표적이다. 후면도 원단 2장 구성으로 변경되었다.

3세대 초기형은 일반적으로 3세대로 구분되는 1967년 이후 계약분들보다 일찍 생산되었다. 2세대에서의 변경점은 일반적인 3세대와 공유하지만 양쪽에 적용된 카고 포켓의 펜꽂이 및 목 뒤의 옷걸이 스트랩, 카고 포켓 배수구의 삭제, 새로운 원단의 도입과 같이 2세대에서 유지된 사소한 차이들이 있다.

ERDL 위장 무늬가 적용된 위장 무늬 전투복으로 생산되기도 했다.

(1) 셔츠형 컨버터블 칼라와 단추식 커프스가 적용되었다.
(2) 앞섶에는 최상단 하나를 제외하고 히든 처리된 단추 여밈이 사용되었다.
(3) 전면에는 소형 대형 각 한쌍의 카고 포켓과 히든 처리된 단추 2개로 고정되는 사선형 뚜껑이 사선으로 적용되었으며, 각 카고 포켓 중앙에는 주름이 적용되었다.
(4) 상단 한쌍의 카고 포켓 내부에는 펜꽂이가 적용되었으며 뚜껑 상단에 펜꽂이 입구 1개씩이 적용되었다.
(5) 후면은 2장의 원단으로 구성되었다.
(6) 원형 OD색 플라스틱 단추가 적용되었다.

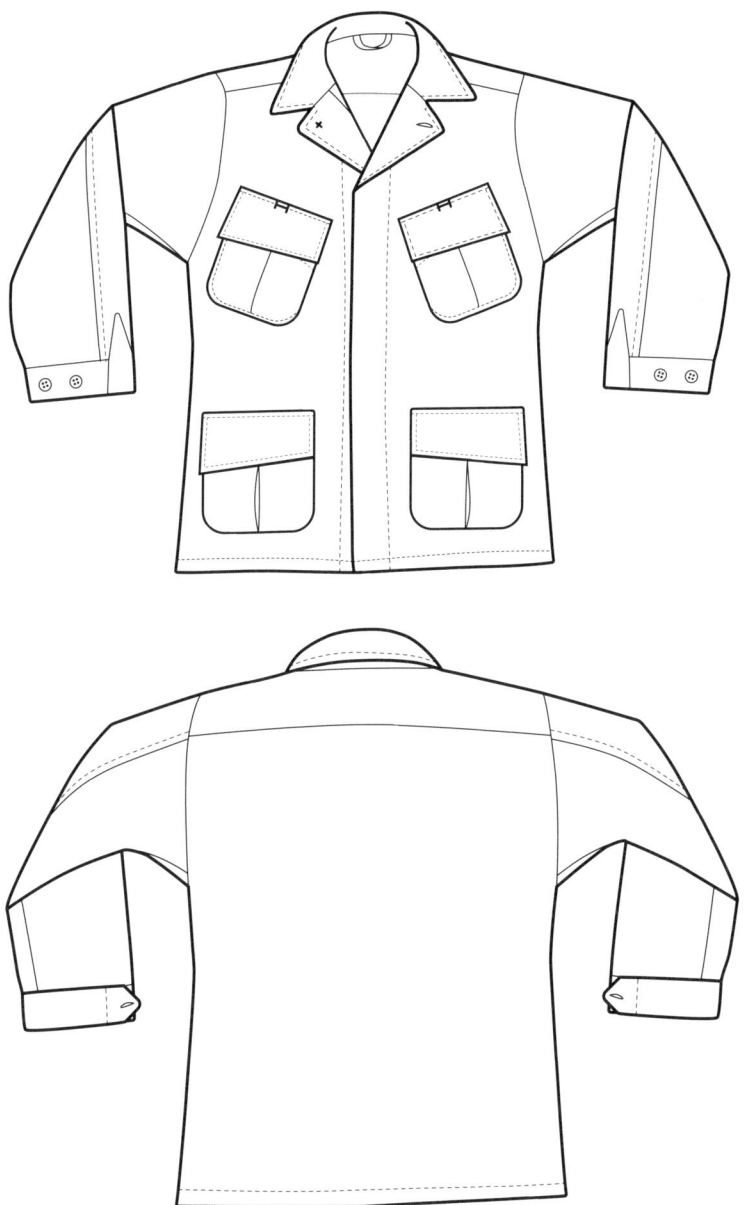

비 고	사양 번호 MIL-C-43199
의 복 명	Coat, Man's, Combat, Tropical TCU(열대 전투복) 재킷 (3세대 정글 퍼티그 재킷)
도입연도	1967년
원단재질	포플린, 립스톱 포플린
원단색상	OG-107, ERDL, ERDL-NLABS1

2세대 TCU 재킷 운용 도중 부분적으로 적용되었던 큼직한 개량이 모두 적용된 패턴을 보통 3세대로 구분한다. 가스 플랩, 허리의 어드저스터, 어깨 견장대의 삭제가 대표적이며 후면도 원단 2장 구성으로 변경되었다.

3세대 초기형으로 구분되는 변형과 비교하면 기존 양쪽에 적용되었던 펜꽂이가 좌측 한쪽에만 적용되었으며, 목 뒤의 옷걸이 스트랩이 삭제된 차이가 있다.

최초로 립스톱 포플린 원단이 적용된 변형이며, ERDL 위장 무늬와 ERDL NLABS-1 위장 무늬가 적용된 위장 무늬 전투복으로 생산되기도 했다.

---

(1) 셔츠형 컨버터블 칼라와 단추식 커프스가 적용되었다.
(2) 앞섶에는 최상단 하나를 제외하고 히든 처리된 단추 여밈이 사용되었다.
(3) 전면에는 소형 대형 각 한쌍의 카고 포켓과 히든 처리된 단추 2개로 고정되는 사선형 뚜껑이 사선으로 적용되었으며, 각 카고 포켓 중앙에는 주름이, 하단에는 배수구가 적용되었다.
(4) 상단 좌측 카고 포켓 내부에는 펜꽂이가 적용되었으며 뚜껑 상단에 펜꽂이 입구 1개가 적용되었다.
(5) 후면은 2장의 원단으로 구성되었다.
(6) 안쪽 목 뒤의 옷걸이 스트랩이 삭제되었다.
(7) 원형 OD색 플라스틱 단추가 적용되었다.

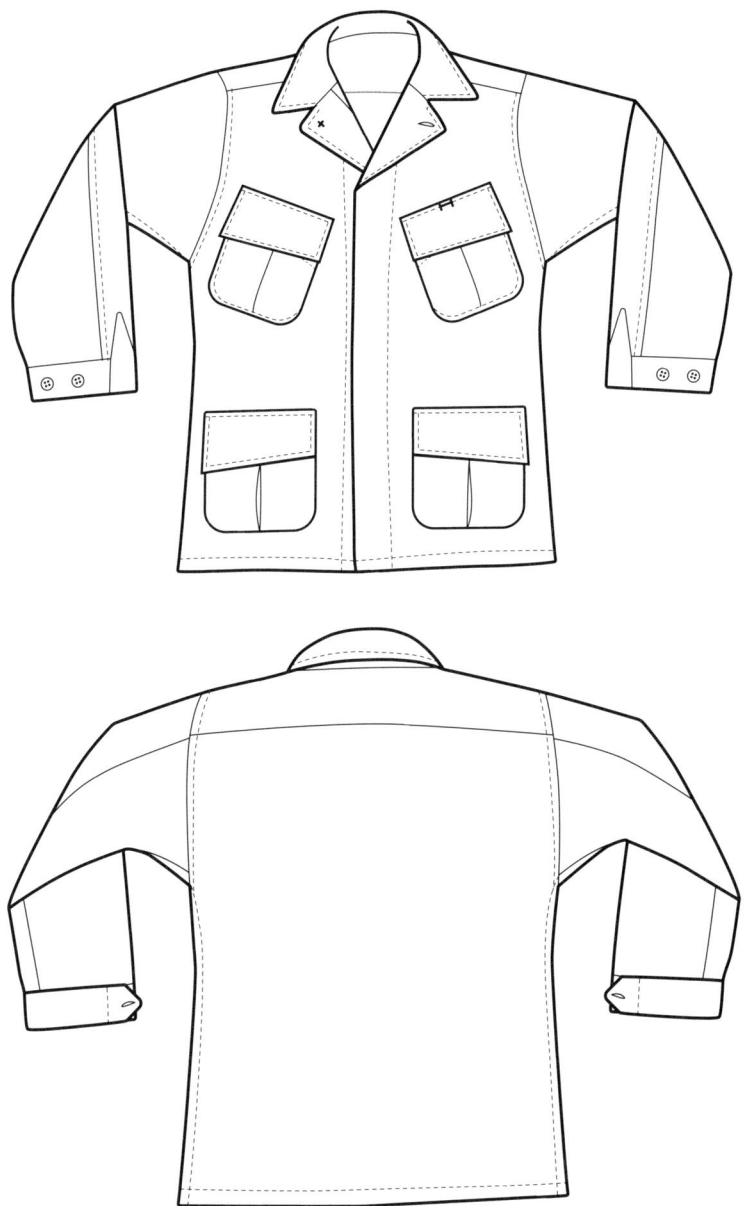

비 고	사양 번호 MIL-C-43199
의 복 명	Coat, Man's, Combat, Tropical TCU(열대 전투복) 재킷 (4세대 정글 퍼티그 재킷)
도입연도	1968년
원단재질	포플린, 립스톱 포플린
원단색상	OG-107, ERDL, ERDL-NLABS1

3세대 TCU 재킷을 더욱 간략화한 TCU 재킷의 최종 패턴이다. 3세대까지 이어졌던 거셋 처리된 커프스가 간략화된 것이 가장 큰 구분 점이다.

4세대 TCU 재킷부터는 포플린 원단 적용이 중단되고 립스톱 포플린 원단으로만 생산되었다. 앞선 패턴들과 마찬가지로 ERDL 위장 무늬와 ERDL NLABS-1 위장 무늬가 적용된 위장 무늬 전투복으로 생산되기도 했다.

(1) 셔츠형 컨버터블 칼라와 단추식 커프스가 적용되었다.
(2) 앞섶에는 최상단 하나를 제외하고 히든 처리된 단추 여밈이 사용되었다.
(3) 전면에는 소형 대형 각 한쌍의 카고 포켓과 히든 처리된 단추 2개로 고정되는 사선형 뚜껑이 사선으로 적용되었으며, 각 카고 포켓 중앙에는 주름이, 하단에는 배수구가 적용되었다.
(4) 상단 좌측 카고 포켓 내부에는 펜꽂이가 적용되었으며 뚜껑 상단에 펜꽂이 입구 1개가 적용되었다.
(5) 후면은 2장의 원단으로 구성되었다.
(6) 목 뒤의 옷걸이 스트랩이 삭제되었다.
(7) 원형 OD색 플라스틱 단추가 적용되었다.

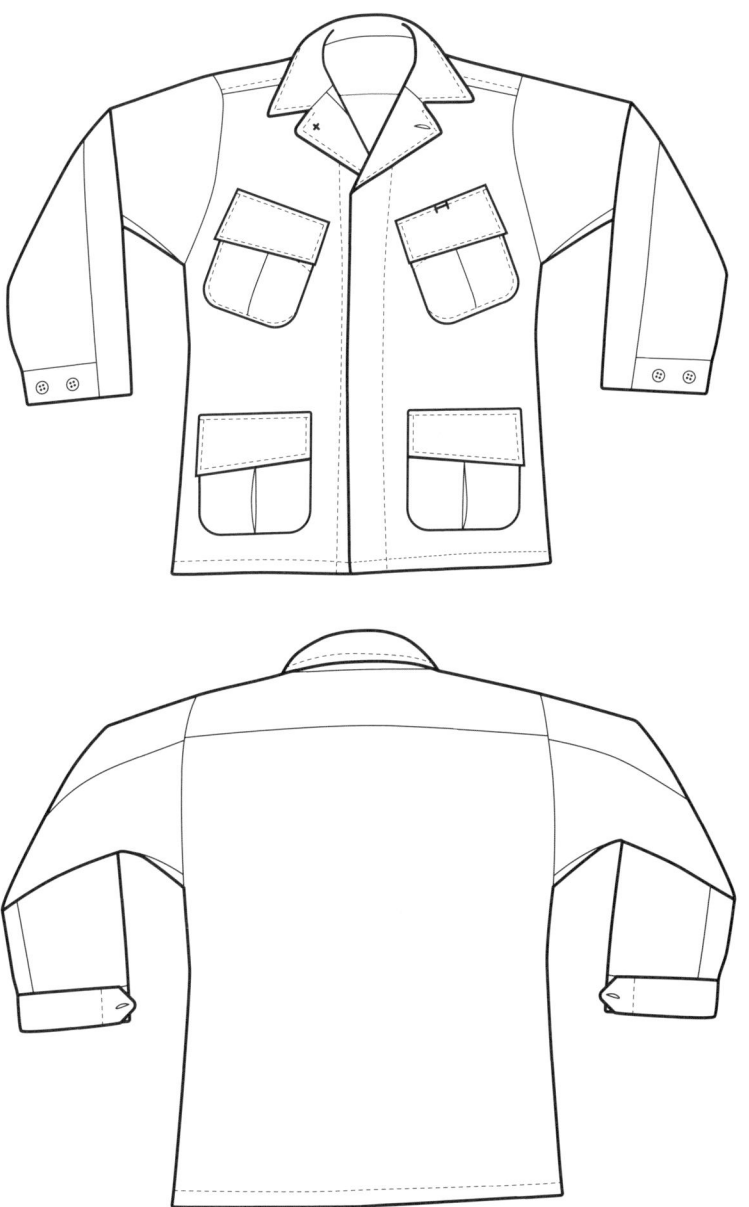

1세대 TCU 바지
기장이 긴 L(롱) 사이즈이다. 카고 포켓 내부의 카고 스트랩은 제거된 상태이다.

2세대 TCU 바지

3세대 TCU 바지 - 포플린

4세대 TCU 바지 - ERDL 위장 무늬

ERDL 위장 무늬가 인쇄된 립스톱 포플린 원단이 적용되어 있다.

비 고	사양 번호 MIL-C-431217
의복명	Trousers, Mens, Combat, Tropical TCU(열대 전투복) 바지 (1세대 정글 퍼티그 바지)
도입연도	1962년
원단재질	포플린
원단색상	OG-107

TCU 바지 계열의 기반이 되는 최초의 패턴이다. 양 측면의 카고 포켓 등 TCU 계열이 공유하는 보편적인 특징 외에도 허리의 단추식 어드저스터, 포켓 뚜껑 위로 노출된 단추가 특징이다.

특히 원본이 되는 M-1942 점프슈트에서 그대로 이어진 카고 포켓의 카고 스트랩(Cargo Strap)은 카고 포켓에 화물을 넣었을때 포켓을 고정하는 용도였는데, 현장에서는 큰 도움이 되지 않아 현장에선 제거하는 경우도 많았다. 이외에는 재킷과 마찬가지로 2차세계대전 이후 폐지되었던 가스 플랩이 다시 적용되었는데 여전히 그다지 쓸모는 없었다.

(1) 바지 여밈은 맨 윗 단추 외에는 히든 처리된 버튼 플라이가 적용되었다.
(2) 전면에는 사이드 포켓 한쌍이, 후면에는 단추 1개로 고정되는 한쌍의 사선형 플랩 포켓이 적용되었다.
(3) 양쪽 허벅지에는 직사각형 카고 포켓과 단추 2개로 고정되는 사선형 뚜껑이 적용되었다. 카고 포켓 몸통 중앙에는 두 줄의 주름이, 하단에는 배수구가 적용되었다.
(4) 양쪽 카고 포켓 내부에는 카고 스트랩이 적용되었으며 가랑이에는 카고 스트랩을 꿰어 사용하기 위한 한쌍의 스트랩이 적용되었다. 좌측 카고 포켓 내부에는 직사각형 소형 포켓이 적용되었다.
(5) 양쪽 허리 측후면에는 단추식 어드저스터가 적용되었다.
(6) 밑단 안쪽에는 조임 끈이 적용되었다.
(7) 바지 여밈에는 단추로 고정되는 가스 플랩이 적용되었다.
(8) 원형 OD색 플라스틱 단추가 적용되었다.

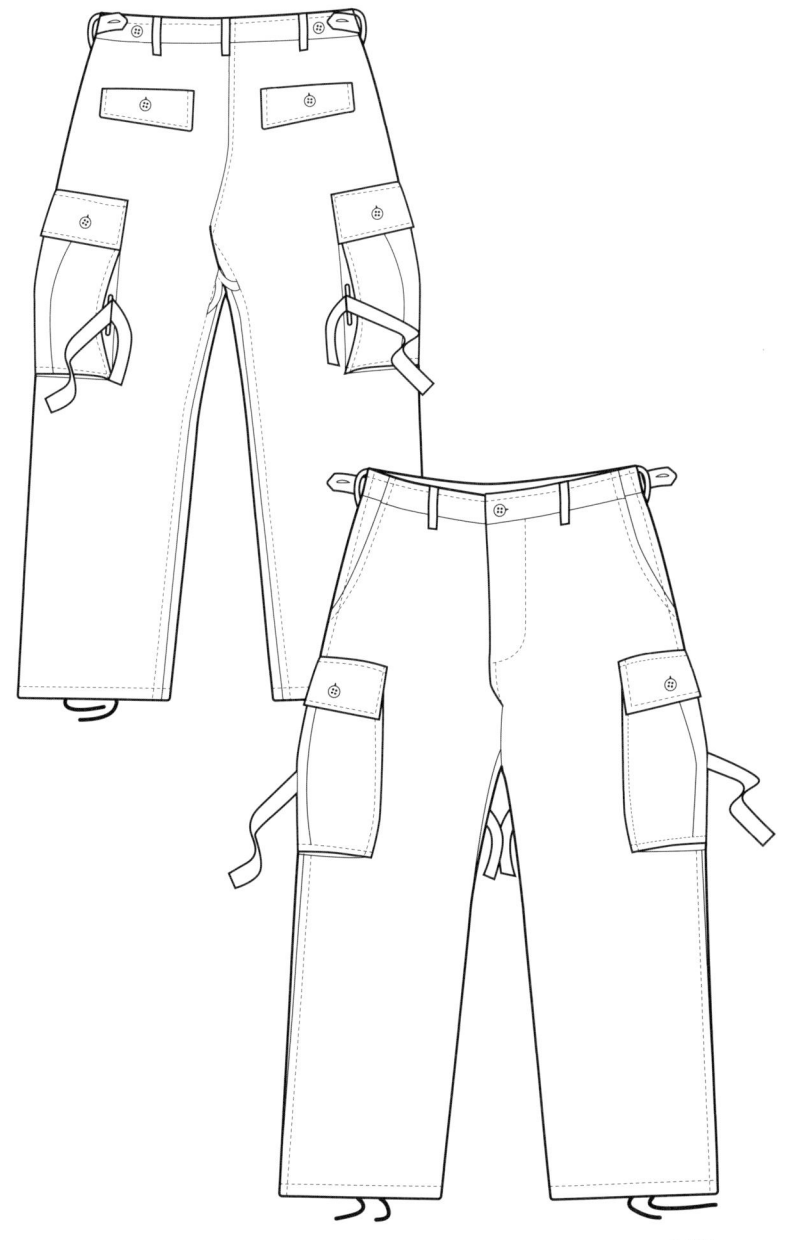

비 고	사양 번호 MIL-C-431217

의복명	Trousers, Mens, Combat, Tropical
	TCU(열대 전투복) 바지
	(2세대 정글 퍼티그 바지)
도입연도	1965년
원단재질	포플린
원단색상	OG-107

1세대 TCU 바지의 현장 평가에서 노출된 카고 포켓의 단추들이 수목에 걸리는 문제가 보고되었기 때문에 카고 포켓의 단추를 전부 히든 처리한 패턴이다. 그 외 대부분의 1세대 바지의 특징들은 유지되었다.

재킷과 마찬가지로 1965년에서 1966년간의 다양한 변경사항들이 적용되었다. 이 책에서는 2세대의 특징이 모두 사라진 계약분 이전을 모두 2세대로 구분한다.

---

(1) 바지 여밈은 맨 윗 단추 외에는 히든 처리된 버튼 플라이가 적용되었다.
(2) 전면에는 사이드 포켓 한쌍이, 후면에는 히든 처리된 단추 1개로 고정되는 한쌍의 사선형 플랩 포켓이 적용되었다.
(3) 양쪽 허벅지에는 직사각형 카고 포켓과 히든 처리된 단추 2개로 고정되는 사선형 뚜껑이 적용되었다. 카고 포켓 몸통 중앙에는 두 줄의 주름이, 하단에는 배수구가 적용되었다.
(4) 양쪽 카고 포켓 내부에는 카고 스트랩이 적용되었으며 가랑이에는 카고 스트랩을 꿰어 사용하기 위한 한쌍의 스트랩이 적용되었다. 좌측 카고 포켓 내부에는 직사각형 소형 포켓이 적용되었다.
(5) 양쪽 허리 측후면에는 단추식 어드저스터가 적용되었다.
(6) 밑단 안쪽에는 조임 끈이 적용되었다.
(7) 바지 여밈에는 단추로 고정되는 가스 플랩이 적용되었다.
(8) 원형 OD색 플라스틱 단추가 적용되었다.

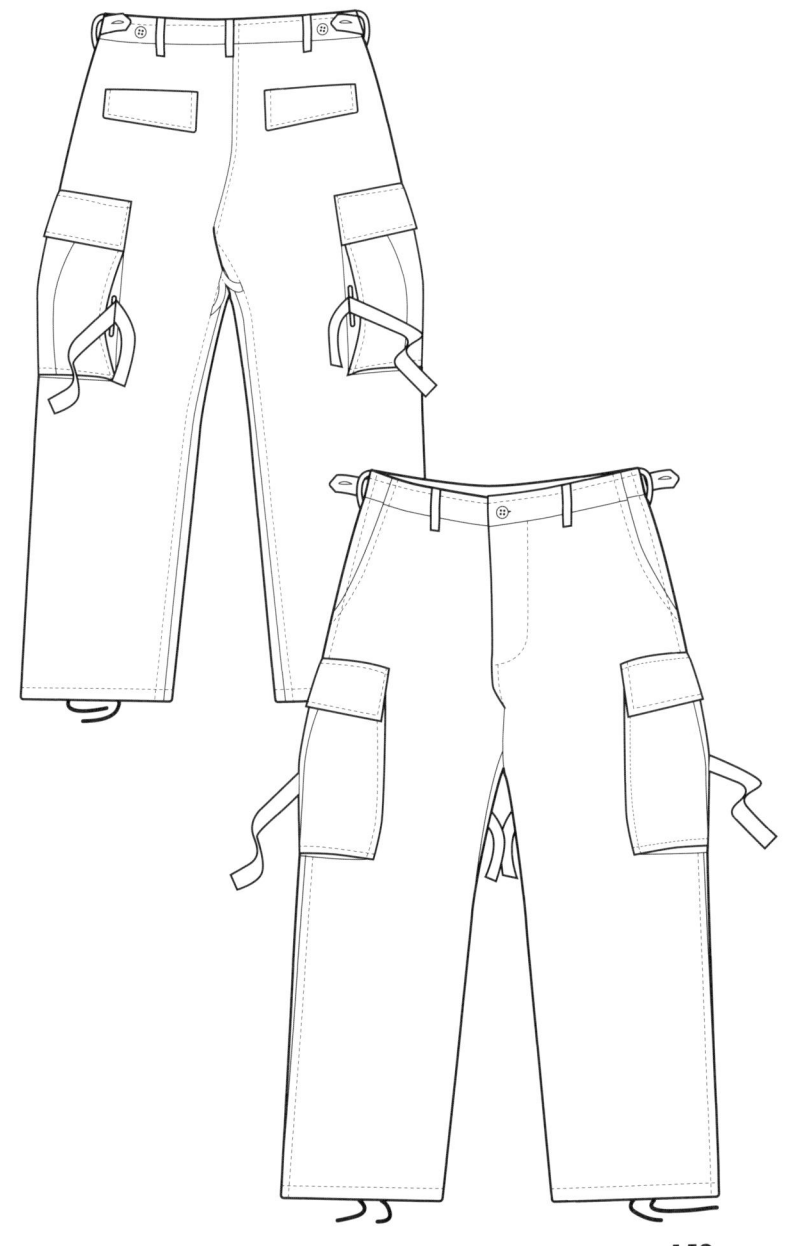

변형 예 A

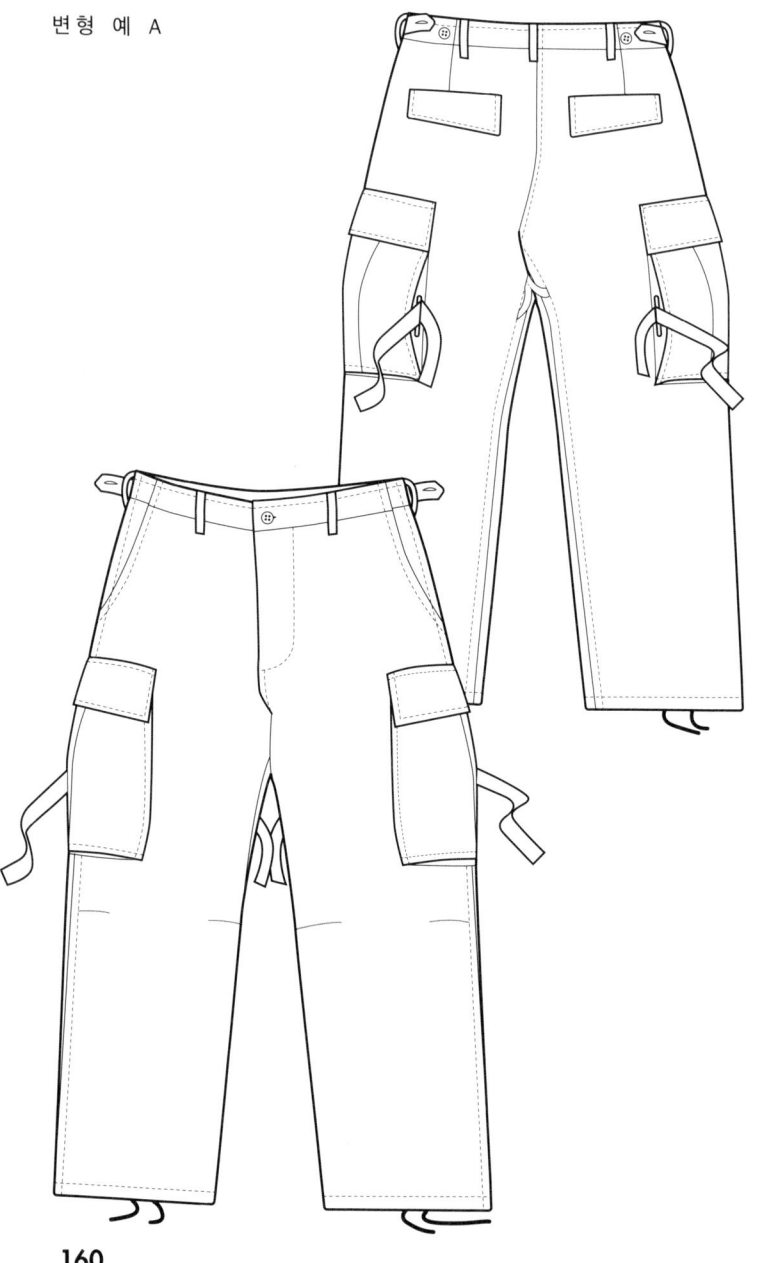

비 고	사양 번호 MIL-C-431217
의 복 명	Trousers, Mens, Combat, Tropical TCU(열대 전투복) 바지 (3세대 정글 퍼티그 바지)
도입연도	1966년
원단재질	포플린, 립스톱 포플린
원단색상	OG-107, ERDL, ERDL NLABS-1

2세대 TCU 바지 운용 도중 부분적으로 적용되었던 큼직한 개량이 모두 적용된 패턴을 보통 3세대로 구분한다. 가스 플랩의 삭제가 대표적이며 허리의 단추식 어드저스터는 조절 범위가 더 넓은 금속 버클 어드저스터로 변경되었다. 또한 무릎에 활동성을 위한 다트가 추가된것도 특징이다.

  2세대의 카고 스트랩과 가랑이 스트랩이 다시 적용된 변형이 잠시 생산되기도 했다.

  재킷에 앞서 1967년경부터 립스톱 포플린 원단이 적용되어 포플린 원단과 병행 생산되었다. 그 밖에도 ERDL 위장 무늬와 ERDL NLABS-1 위장 무늬가 적용된 위장 무늬 전투복으로 생산되기도 했다.

---

(1) 바지 여밈은 맨 윗 단추 외에는 히든 처리된 버튼 플라이가 적용되었다.
(2) 전면에는 사이드 포켓 한쌍이, 후면에는 히든 처리된 단추 1개로 고정되는 한쌍의 사선형 플랩 포켓이 적용되었다.
(3) 양쪽 허벅지에는 직사각형 카고 포켓과 히든 처리된 단추 2개로 고정되는 사선형 뚜껑이 적용되었다. 카고 포켓 몸통 중앙에는 두 줄의 주름이, 하단에는 배수구가 적용되었다.
(4) 좌측 카고 포켓 내부에는 직사각형 소형 포켓이 적용되었다.
(5) 양쪽 허리 측후면에는 어드저스터가 적용되었다.
(6) 양쪽 무릎에는 활동성을 위한 한쌍의 다트가 적용되었다.
(7) 밑단 안쪽에는 조임 끈이 적용되었다.
(8) 원형 OD색 플라스틱 단추가 적용되었다.

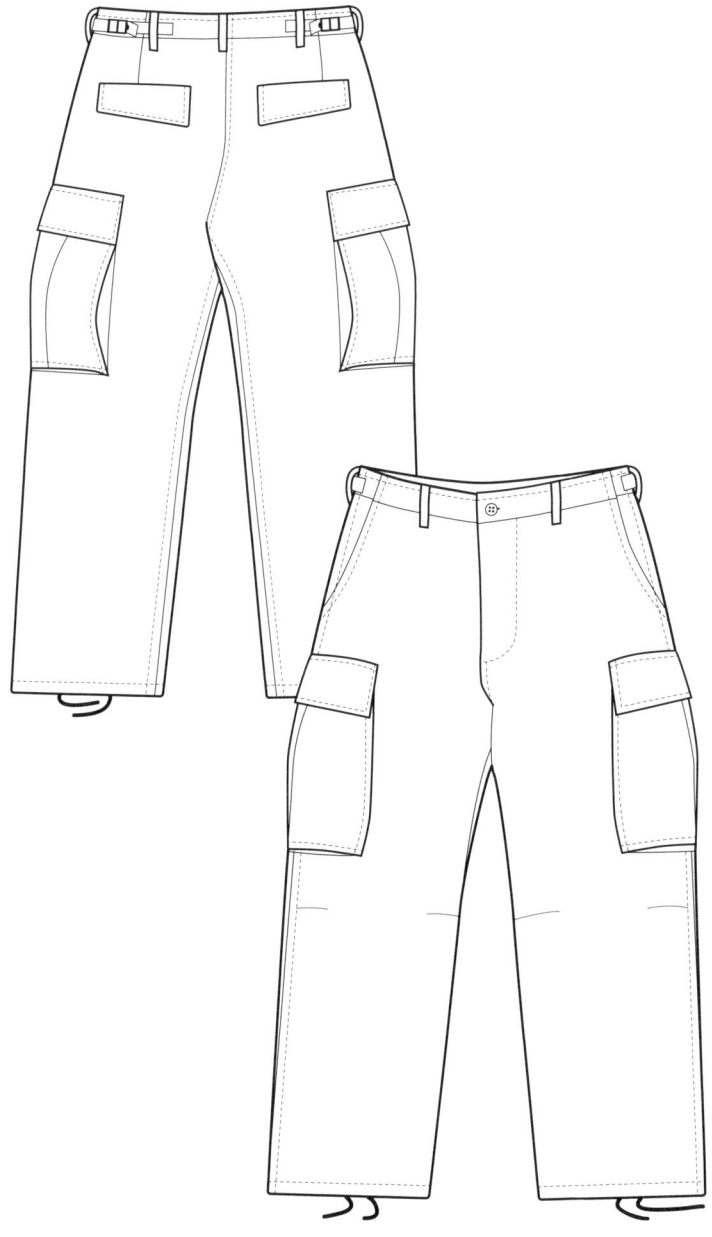

변형 예 A

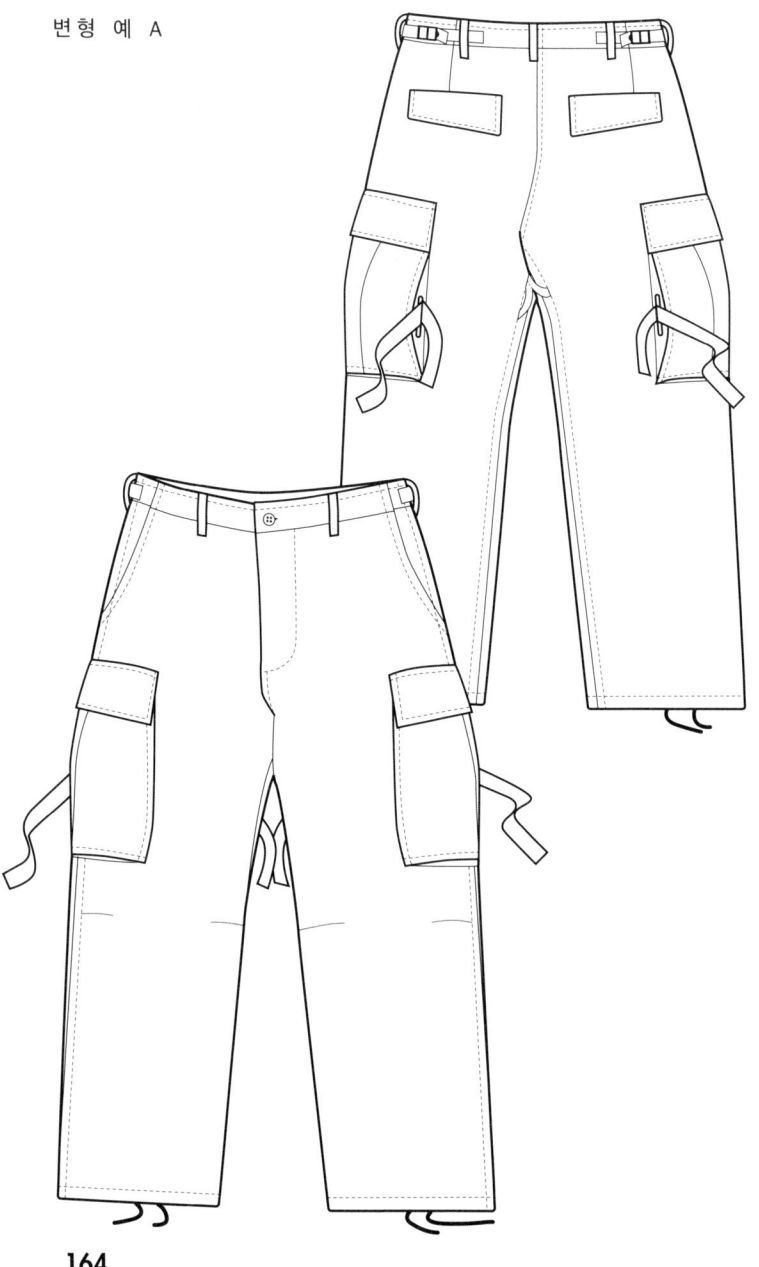

비   고   사양 번호 MIL-C-431217
의 복 명   Trousers, Mens, Combat, Tropical
            TCU(열대 전투복) 바지
            (4세대 정글 퍼티그 바지)
도입연도   1968년
원단재질   5.5oz 립스톱 포플린
원단색상   OG-107, ERDL, ERDL NLABS-1

TCU 바지의 최종 패턴이다. 버튼 플라이가 지퍼로 변경된것이 구분 점이며 이전까지 병행 생산되던 포플린 원단 생산이 중지되고 립스톱 포플린 원단으로만 생산되었다.

앞선 패턴과 마찬가지로 ERDL 위장 무늬와 ERDL NLABS-1 위장 무늬가 적용된 위장 무늬 전투복으로 생산되기도 했다.

(1) 바지 여밈은 지퍼 플라이가 적용되었다.
(2) 전면에는 사이드 포켓 한쌍이, 후면에는 히든 처리된 단추 1개로 고정되는 한쌍의 사선형 플랩 포켓이 적용되었다.
(3) 양쪽 허벅지에는 직사각형 카고 포켓과 히든 처리된 단추 2개로 고정되는 사선형 뚜껑이 적용되었다. 카고 포켓 몸통 중앙에는 두 줄의 주름이, 하단에는 배수구가 적용되었다.
(4) 좌측 카고 포켓 내부에는 직사각형 소형 포켓이 적용되었다.
(5) 양쪽 허리 측후면에는 어드저스터가 적용되었다.
(6) 양쪽 무릎에는 활동성을 위한 한쌍의 다트가 적용되었다.
(7) 밑단 안쪽에는 조임 끈이 적용되었다.
(8) 원형 OD색 플라스틱 단추가 적용되었다.

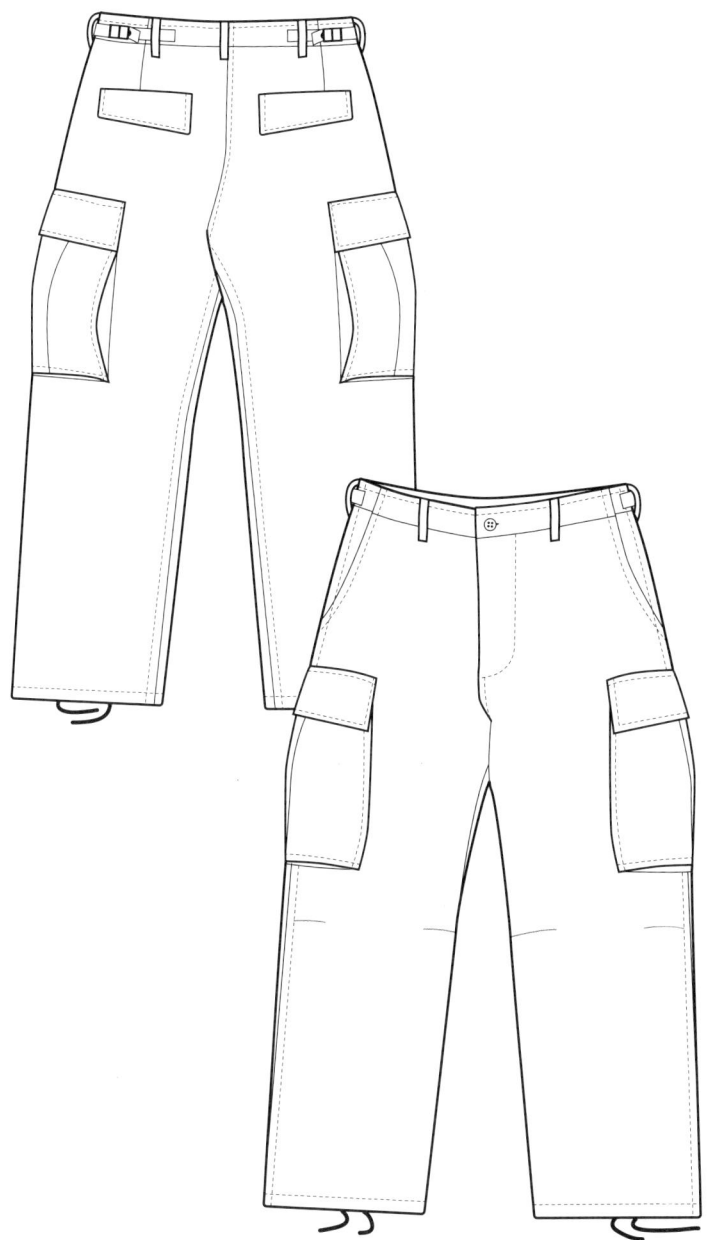

CHAPTER 5
BDU

Hot Weather Uniform
05-I HWU

180	상의 - Coat, Hot Weather, Camouflage Pattern
182	하의 - Trousers, Hot Weather, Camouflage Pattern

Battle Dress Uniform
05-II BDU

188	상의 - Coat, Woodland Camouflage Pattern, Combat (1세대)
190	하의 - Trousers, Woodland Camouflage Pattern, Combat (1세대)
194	상의 - Coat, Woodland Camouflage Pattern, Combat (2세대) Coat, Hot Weather, Woodland Camouflage Pattern, Combat
196	하의 - Trousers, Woodland Camouflage Pattern, Combat (2세대) Trousers, Hot Weather, Woodland Camouflage Pattern, Combat
200	상의 - Coat, Temperate, Woodland Camouflage Pattern, Combat (3세대) Coat, Enhanced Hot Weather, Woodland Camouflage Pattern, Combat
202	하의 - Trousers, Woodland Camouflage Pattern, Combat (3세대) Trousers, Enhanced Hot Weather, Woodland Camouflage Pattern, Combat
208	상하의 - Coat/Trousers, Camouflage Pattern, Desert (1세대 DBDU)
210	상하의 - Coat/Trousers, Camouflage Pattern, Desert (2세대 DBDU)
212	상하의 - Coat/Trousers, Camouflage Pattern, Desert (3세대 DBDU)
218	상하의 - Coat/Trousers, Hot Weather, Camouflage Pattern (3 color), Desert
220	상하의 - Coat/Trousers, Desert Camouflage Pattern (3 color), Combat (1세대 DCU)
222	상의 - Coat, Desert Camouflage Pattern, Combat (2세대 DCU 재킷)
224	하의 - Trousers, Desert Camouflage Pattern, Combat (2세대 DCU 바지)
226	하의 - Trousers, Desert Camouflage Pattern, Combat (3세대 DCU 바지)

ABOUT
BDU

위장 무늬 전투복과 새로운 열대/더운 날씨용 전투복

1970년대에 들어서며 이미 전 세계 군대는 위장 무늬 피복의 도입 및 연구를 진행하고 있었다. 단색 위장 무늬 전투복만을 고집하던 보수적인 미 육군 역시 베트남 전쟁에서 경험을 통해 결국 위장 무늬 전투복의 도입 필요성을 인정한 상황이었으며, 이미 미 육군의 과제는 '위장 무늬 도입이 효율적인가'가 아닌 '어떤 위장 무늬가 효율적인가'에까지 나아간 상태였다. 하지만 ERDL TCU를 제식 전투복으로 도입한 미 해병대와 일부 특수전 부대와는 달리 미 육군은 몇몇 개인장비와 차량에만 위장 무늬를 적용했을 뿐 정규군의 제식 전투복은 1970년대까지도 단색의 유틸리티 유니폼과 일부 TCU를 유지하고 있었다.

그래도 1970년대동안 미군은 차세대 전투복을 위해 베트남 전쟁에서 사용되었던 ERDL 계열 위장 무늬를 기반으로 이를 적용할 전투복의 개발을 진행하고 있었다. 그리고 그 첫 번째 결과물이 1970년대 중반에 등장한 새로운 열대/더

사진 5-1　그레나다 침공 'Urgent Fury'작전 당시 HWU를 착용한 미 육군 82 공수사단 소속 병사들. (1983년 그레나다)

사진 5-2   1970년대 HWU를 기반으로 시험된 다양한 사막용 전투복들.
(1979년)

운 날씨용 전투복인 **더운 날씨용 군복(HWU, Hot Weather Uniform)**이었다. HWU는 TCU의 최종 패턴을 기반으로 개발된 전투복으로, 복잡한 구조의 사선형 카고 포켓의 형태를 단순화했으며 무엇보다 최초부터 위장 무늬 전투복으로 설계된, 여러 면에서 TCU보다도 한 발짝 더 나아간 전투복이었다. HWU에는 초기에는 기존 ERDL 계열의 ERDL 및 NLABS-1 ERDL 위장 무늬가 적용되었으며 1979년경 후반부터는 NLABS-2 라고 불리는 ERDL의 최종 변형이 적용되었다. NALBS-2는 색조의 조정은 물론 이전 ERDL계열 위장 무늬들이 염색 기술의 한계로 무늬 모서리가 흐리게 겹쳐 인쇄되던 문제점을 개선해 또렷한 무늬를 가진 것이 특징이었다.

이 외에도 HWU는 향후 미군의 통합 전투복으로 사용될 녹지용 위장 무늬와 사막 6색 위장 무늬 및 탄(Tan, 모래색) 단색 등의 사막용 위장 무늬 등 각종 위장 무늬의 실험대가 되기도 했다. 그리고 이런 HWU의 개발과 HWU를 기반으로 한 각종 실험은 향후 이어지는 신형 전투복 개발에 큰 도움이 되었다. HWU는 수집가들과 연구가들 사이에서는 흔히 'RDF 전투복'이라는 이름으로 알려져 있기도 한데, 이는 HWU가 1970년대 혼란스러운 중동 정세에서 미군의 신속한 대응을 위해 창설된 신속대응군인 'RDF(Rapid Deployment Force)' 소속 부대 위주로 지급되었기 때문이다.

4군 통합 위장 무늬 전투복, BDU

그리고 이러한 1970년대 미군의 차세대 위장 무늬 전투복 연구의 최종 결과물이 바로 1981년 10월부터 공식적으로 미군 전 군에 지급되기 시작한 통합 전투복, BDU(Battle Dress Uniform)였다. BDU는 HWU까지 발전했던 TCU 계열 패턴의 최종 형태로 볼 수 있으나, TCU와 HWU와는 달리 열대/더운 날씨용이 아닌 전 세계를 무대로 활동하는 미군을 위한 온대 기후용 전투복으로 설계되었기 때문에 나일론과 면이 5:5 비율로 혼방된 다소 무겁고 두껍지만, 내구성 있는 Nyco 트윌(Nylon/Cotton Twill) 원단이 사용되었다.

적용된 위장 무늬는 ERDL계열의 최종 변형이었던 NLABS-2 ERDL을 60% 확대해 완성된 **우드랜드(Woodland) 위장 무늬**가 적용되었는데, 원단에 NIR(Near InfraRed, 근적외선) 처리가 되어 당대 발전하기 시작했던 야간투시 장비의 적외선 관측에 대한 위장도 고려되었다.

BDU 도입 후 한동안은 '군기 잡힌 단정한 각 잡힌 군복'에 대한 편견과 현대적 위장 무늬 전투복에 대한 이해 부족으로 인해 구형 유틸리티 유니폼에서의 관습대로 BDU에 풀 먹이기 다림질을 하기도 했는데, 이는 NIR 처리를 훼손시키기에 규정상 금지되었으나 현장에서 알음알음 시행되곤 했다.

사진 5-3　팀 스피리트 '85 훈련 당시 BDU를 착용한 미 육군 1특전단 소속 병사. (1985년 한국)

BDU는 이전 유틸리티 유니폼과 같은 구형 전투복들이 초점을 맞췄던 외형적 통일성이나 생산성과 같은 비 전술적 요소 대신 실용적인 패턴과 위장 무늬의 적용으로 전술적 효용성을 극대화하는 데 초점을 맞춘 현대적인 전투복이었다. BDU는 단순히 미군에 본격적으로 도입된 최초의 위장 무늬 전투복일 뿐만 아니라 현대적인 전투복의 시발점으로서 큰 의미가 있다.

또다시 열대/더운 날씨용 전투복

기본적으로 '온대 지역'을 상정한 BDU의 Nyco 트윌 원단은 개발 당시인 냉전기 미군의 주요 주둔지였던 중서부 유럽과 미국 본토 등 온대 기후에는 적합했지만, 열대, 건조 지역과 같은 더운 지역에서 착용하기에는 다소 무겁고 더웠다. 실제로 1980년대 초 중동 레바논에 파병되었던 미 해병대와 1983년 카리브해의 그레나다에서 수행된 'Urgent Fury' 작전에 참여했던 미군들에게서 더위로 인한 열 피로와 부상이 보고되었으며 이에 BDU대신 TCU와 HWU를 다시 꺼내 지급하는 촌극이 벌어지기도 했다.

이런 경험을 통해 더운 날씨를 위한 전투복의 필요성이 대두되었으며 1985년경부터는 이전 TCU와 HWU의 립스톱 포플린 원단이 적용된 열대/더운 날씨용 BDU, HWBDU(Hot Weather BDU)가 새롭게 도입되었다. HWBDU는 주둔 지역에 상관없이 기존 BDU의 지급 수량 절반을 대체해 지급되었으며 더운 지역 외에는 하계 전투복으로 활용되며 얇고 가벼운 원단 덕분에 전반적으로 호평받으며 사용되었다. 하지만 HWBDU의 면 100% 립스톱 포플린 원단은 기존 BDU의 Nyco 트윌 원단보다 내구성이 절반가량 떨어지는 것이 문제였다. 이에 1995년부터는 새롭게 내구성이 강화된 나일론 혼방 재질의 립스톱 원단이 적용된 EHWBDU(Enhanced Hot Weather BDU)가 기존 HWBDU를 대체했다.

HWBDU 및 EHWBDU의 도입 때마다 패턴의 개선이 함께 이뤄졌으며 동시기 BDU, DBDU와 같은 계열 의복에도 거의 동일하게 적용되었다.

사막용 전투복인 DCU와 DBDU

DBDU(Desert BDU)는 BDU를 기반으로 **사막 6색(Desert 6 color) 위장 무늬**가 적용된 미군 최초로 도입된 사막용 전투복이었다. 사막 6색 위장 무늬는 1970

사진 5-4 DBDU의 특징인 차양(遮陽)용 후면 안쪽 덧댐원단.

년대 미국 애리조나 사막 환경에 기반해 개발되었으며, 야간에 적 야간투시장비로부터 위장하기 위한 대(對)야간투시경용 야간 사막 위장 무늬(Desert Night Camouflage)에 대응해 주간 사막 위장 무늬로 불리기도 했다.

하지만 사막 6색 위장 무늬는 색상의 대비가 너무 또렷해 위장 능력이 떨어지는 문제가 있었고, 이에 미군은 1980년대 말부터 이미 색상 대비와 종수를 줄인 **사막 3색(Desert 3 color) 위장 무늬**를 개발했으며 1990년부터 DBDU를 조금씩 대체해 나갔다. 사막 3색 위장 무늬의 사막 BDU는 1990년 최초 도입된 이후 1995년에는 DBDU를 완전히 대체했으며 이후 미군은 이전의 DBDU와 구분해 사막 3색 위장 무늬의 사막용 BDU를 **DCU(Desert Comouflage Uniform)**로 지칭했다.

사막용 전투복인 DBDU와 DCU는 모두 일반 BDU의 패턴을 거의 그대로 사용했지만, 사막이라는 운용 환경의 차이로 인한 사소한 차이점 및 특징들이 있다. 사막의 강한 햇빛을 막기 위해 고온의 건조 기후용 전투복임에도 1995년까지도 두꺼운 Nyco 트윌 원단이 사용된 것이 가장 큰 특징이며, 그 외에도 사막의 햇빛을 막기 위한 대형 칼라와 후면 안쪽의 덧댐원단, 재킷 카고 포켓의 배수구의 삭제 등이 특징이다.

BDU와 DCU는 미 육군에서는 신형 전투복의 도입이 결정된 2004년부터 대체가 시작되어 최종적으로는 2008년까지 사용되었으며 미 해병대에서는 2005년, 미 공군에서는 2011년, 미 해군에서는 2012년까지 사용되다 각 군의 신형 전투복으로 완전히 대체되었다.

+

BDU 계열 의복들은 사용되는 원단의 종류로 구분된 계열 번호를 부여받았다. 계열 번호는 재킷과 바지의 사양서에 기록되었는데, 만약 특정 원단이 퇴출당했다면 다음 개정판 사양서가 발급될 때 해당 계열 번호가 삭제 처리되었기 때문에 각 변형 대강의 도입 및 폐기 시기를 확인할 수 있는 중요한 참고 자료이다. 단

계열 번호는 의복 패턴을 반영하지는 않기에, 이 책에서 이야기하는 패턴을 기준으로 구분한 '세대'는 반영되어 있지 않아 주의가 필요하다.

BDU 계열번호 목록

TYPE I: BDU (Nyco 트윌)

TYPE II: DBDU (Nyco 트윌) - 1991년부터 삭제

TYPE III: HWBDU (립스톱 포플린) - 2000년부터 삭제

TYPE IV: DCU (Nyco 트윌) - 1995년부터 삭제

TYPE V: DCU (립스톱 포플린) - 2000년부터 추가

TYPE VI: EHWBDU (Nyco 립스톱) - 1995년부터 추가

TYPE VII: DCU (Nyco 립스톱) - 1995년부터 삭제

TYPE VIII: Black 357 (Nyco 립스톱) - 2000년부터 추가가

TYPE IX-XII: 각각 해충 방지 처리된 BDU (Nyco 트윌) 및 EHWBDU (Nyco 립스톱), DCU (Nyco 립스톱), Black 357 BDU (Nyco 립스톱) - 2000년부터 추가

TYPE XIII: CG 483 (Nyco 립스톱) - 2000년부터 추가

사진 5-5　2세대 DCU를 착용한 미 육군 101 공수사단 소속 병사들. (2002년 아프가니스탄)

Section 05 - I
HWU (Hot Weather Uniform)

의 복 명	Coat/Trousers, Hot Weather, Camouflage Pattern
	더운 날씨용 군복
	(RDF 유니폼)
도입연도	1970년대 중반
원단재질	립스톱 포플린(면)
원단색상	ERDL 위장 무늬, ERDL NLABS-1 위장 무늬,
	ERDL NLABS-2 위장 무늬, OG-107 단색

TCU의 뒤를 잇는 열대/더운 날씨용 군복으로 개발된 HWU는 한 가지 패턴만 존재하지만, 미 육군의 위장 무늬 전투복 도입 연구 시기와 맞물려 각종 위장 무늬의 시험대로 사용되었기에 다양한 위장 무늬 변형이 존재한다.

그중 OG-107 단색 변형은 1980년대 75레인져 연대가 사용한 것으로 유명하며 케어라벨의 의복 명에 Camouflage Pattern 대신 OG-107이 붙는다. 그 외 변형들(우드랜드, 사막 6색. 사막 단색 등)의 경우는 ERDL 위장 무늬 계열의 3종과 OG-107 단색을 제외하면 시험용 변형으로, 공식적으로 보급을 위해 대량 생산된 의복은 아니었다.

NLABS-2 ERDL 위장 무늬 HWU를 착용한 미 육군 민사심리작전 사령부 소속 중령.
(1980년경)

NLABS-2 ERDL 위장 무늬 HWU 재킷

미군 특수전 작전 사령부 예하 민사심리작전 사령부 소속 중령의 재킷.

NLABS-2 ERDL 위장 무늬 HWU 바지

비 고	사양 번호 MIL-C-43199
의복명	Coat, Hot Weather, Camouflage Pattern 더운 날씨용 유니폼(HWU) 재킷 (RDF 유니폼 재킷)
도입연도	1970년대 중반
원단재질	립스톱 포플린
원단색상	ERDL, ERDL NLABS-1, ERDL NLABS-2, OG-107

TCU 재킷의 최 후기 패턴을 단순화한 패턴이다. 복잡했던 카고 포켓의 형태가 직사각형으로, 각도가 수직으로 적용된 점을 제외하면 5세대 TCU 재킷과 거의 동일한 패턴을 사용한다.

---

(1) 셔츠형 컨버터블 칼라와 단추식 커프스가 적용되었다.
(2) 앞섶에는 최상단 하나를 제외하고 히든 처리된 단추 여밈이 사용되었다.
(3) 전면에는 소형 대형 각 한쌍의 직사각형 카고 포켓과 히든 처리된 단추 2개로 고정되는 직사각형 뚜껑이 적용되었으며, 각 카고 포켓 중앙에는 주름이, 하단에는 배수구가 적용되었다.
(4) 상단 좌측 카고 포켓 내부에는 펜꽂이가 적용되었으며 뚜껑 상단에 펜꽂이 입구 1개가 적용되었다.
(5) 후면은 2장의 원단으로 구성되었다.
(6) 원형 OD색 플라스틱 단추가 적용되었다.

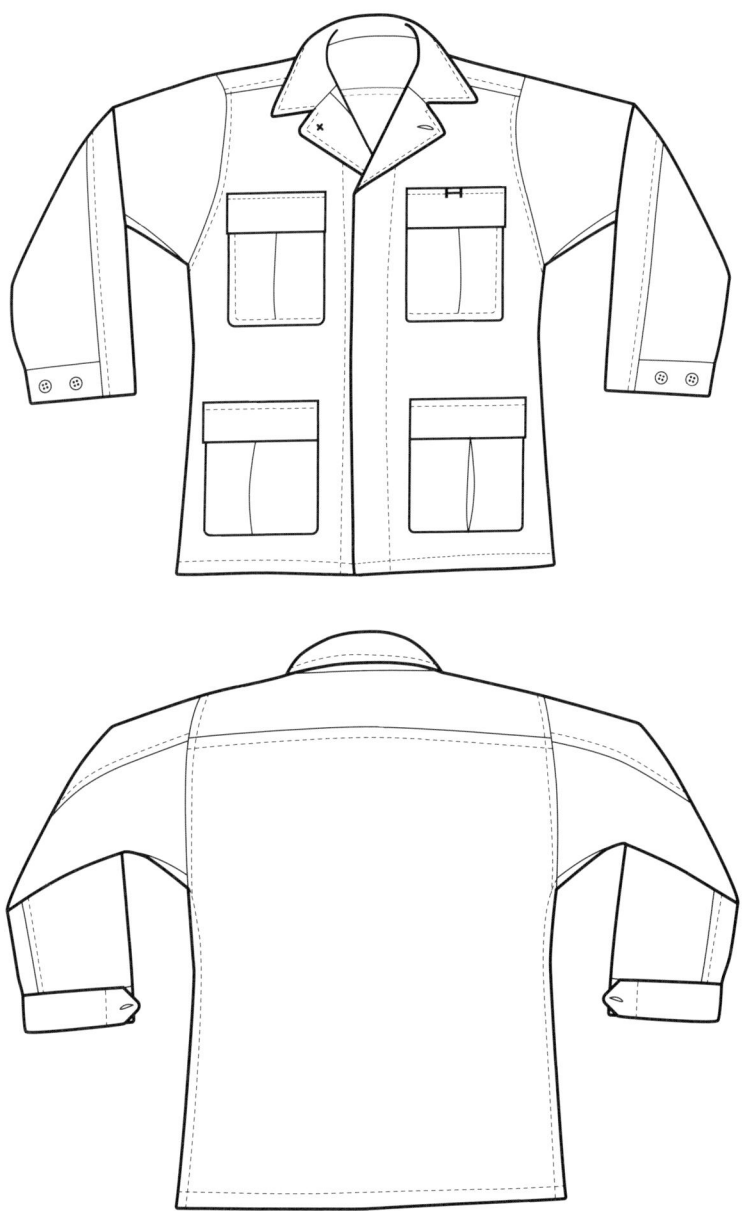

비 고	사양 번호 MIL-C-431217
의 복 명	Trousers, Hot Weather, Camouflage Pattern 더운 날씨용 유니폼(HWU) 바지 (RDF 유니폼 바지)
도입연도	1970년대 중반
원단재질	립스톱 포플린
원단색상	ERDL, ERDL NLABS-1, ERDL NLABS-2

TCU 바지의 최 후기 패턴을 단순화한 패턴이다. 뒷면 플랩 포켓의 뚜껑, 카고 포켓의 형태와 내부의 직사각형 소형 포켓이 삭제된 것을 제외하면 4세대 TCU 바지와 거의 동일한 패턴을 사용한다.

OG-107 변형의 경우 재킷과 달리 바지는 현재까지 어떠한 정보나 실물 개체가 발견되지 않고 있어 이 책에는 수록을 보류한다.

(1) 바지 여밈은 지퍼 플라이가 적용되었다.
(2) 전면에는 사이드 포켓 한쌍이, 후면에는 히든 처리된 단추 1개로 고정되는 한쌍의 사각형 플랩 포켓이 적용되었다.
(3) 양쪽 허벅지에는 직사각형 카고 포켓과 히든 처리된 단추 2개로 고정되는 직사각형 뚜껑이 적용되었다. 카고 포켓 몸통 중앙에는 한 줄의 주름이, 하단에는 배수구가 적용되었다.
(4) 양쪽 허리 측후면에는 어드저스터가 적용되었다.
(5) 양쪽 무릎에는 활동성을 위한 한쌍의 다트가 적용되었다.
(6) 밑단 안쪽에는 조임 끈이 적용되었다.
(7) 원형 OD색 플라스틱 단추가 적용되었다.

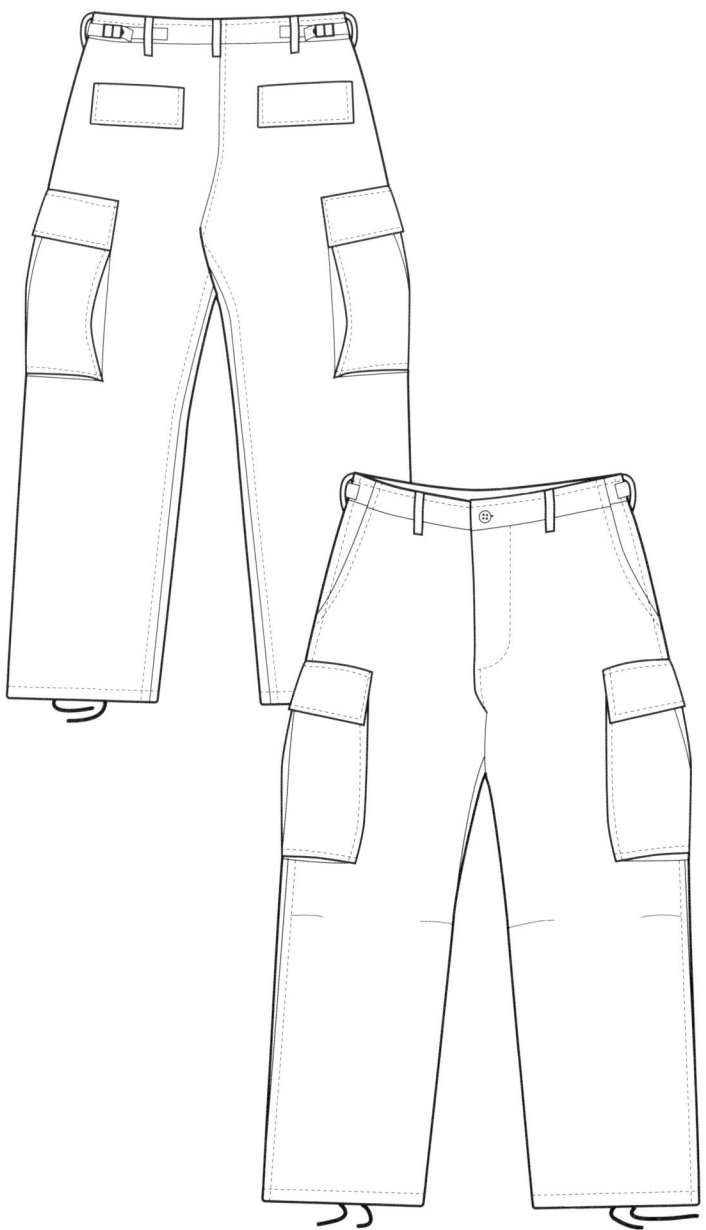

Section 05 - II
BDU (Battle Dress Uniform)

의 복 명   Coat/Trousers, Woodland Camouflage Pattern, Combat
Coat/Trousers, Temperate, Woodland Camouflage Pattern, Combat
Coat/Trousers, Hot Weather, Woodland Camouflage Pattern, Combat
Coat/Trousers, Enhanced Hot Weather, Woodland Camouflage Pattern, Combat
Coat/Trousers, Camouflage Pattern, Desert
Coat/Trousers, Desert Camouflage Pattern, Combat
Coat/Trousers, Desert Camouflage Pattern, Combat (3color)
Coat/Trousers, Hot Weather, Desert Camouflage Pattern (3color), Combat
Coat/Trousers, Desert Camouflage Pattern, Combat

BDU(우드랜드), HWBDU(하계용 BDU),
EHWBDU(Nyco 하계용 BDU), DBDU(사막 6색), DCU(사막 3색)

도입연도   1981(BDU, DBDU), 1985(HWBDU), 1990(DCU), EHWBDU(1995)

원단재질   50/50 Nyco 트윌(나일론/면 5:5 혼방), 립스톱 포플린(면),
50/50 Nyco 립스톱(나일론/면 5:5 혼방)

원단색상   우드랜드 위장 무늬, 사막 6색 위장 무늬, 사막 3색 위장 무늬,
CG483, Black 357

1981년 10월부터 공식적으로 도입이 발표된 미 정규군을 위한 위장 무늬 전투복으로, 미 육군을 포함한 미군 전 군이 공통으로 사용하는 통합 전투복으로 설계되었다.

    TCU를 시작으로 HWU까지 이어져 온 카고 포켓 4개의 재킷과 카고 포켓 2개의 바지로 구성된 패턴의 개량형이 적용되었다. 2008년 퇴역할 때까지 패턴에 큰 변경점은 없었으나 30여 년간 Nyco 트윌 원단의 기본 온대용 BDU, 열대/더운 날씨용인 립스톱 포플린 원단의 HWBDU와 그 개량형인 Nyco 립스톱 원단의 EHWBDU, 사막 6색 위장 무늬 및 사막 3색 위장 무늬의 사막용 DBDU와 DCU 등 수많은 계열 의복이 존재하며, 동시에 두 번의 패턴 수정도 적용되었기 때문에 구분에 주의해야 한다.

A) 다림질 된 1세대 BDU를 착용한 미 육군 9보병사단 소속 이병(PVT). (1980년대 초)
B) HWBDU를 착용한 미 육군 레인저연대 소속 이병(PVT). (1990년대 중반)

1세대 BDU 재킷
미 육군 9보병사단 이병의 재킷으로 풀 먹이기 다림질 된 상태.

1세대 BDU 바지

초기 우드랜드 위장 무늬 원단의 고질병인 어두운색 물빠짐이 진행된 상태.

비 고	사양 번호 MIL-C-44048 / 계열번호 TYPE I
의 복 명	Coat, Woodland Camouflage Pattern, Combat BDU 재킷 (1세대 BDU 재킷)
도입연도	1981년
원단재질	Nyco 트윌
원단색상	우드랜드 위장 무늬

BDU 재킷 계열의 기반이 되는 최초의 패턴이다. HWU 재킷의 패턴을 기반으로 카고 포켓 중앙을 가로지르는 주름의 삭제와 1장의 원단으로 구성된 후면과 팔꿈치 덧댐원단의 적용 등 일부 차이점이 있다. 1세대 BDU는 이전 어떤 퍼티그 유니폼과 비교해도 유독 커다랗고 라펠이 깊은 칼라가 특징이며, 락스타 엘비스 프레슬리의 스타일에 비유해 '엘비스 칼라' 혹은 '광대 칼라'라고 불리기도 한다.

이후 도입되는 더운 날씨용 BDU와 구분하기 위해 TWBDU(Temperate Weather BDU, 온대날씨용 BDU) 혹은 헤비웨이트 BDU라고 불리기도 한다.

1982년 계약분부터는 앞섶 여밈 단추 간격이 줄어들고 칼라 형태가 조정되었는데, 양어깨에서 내려오는 박음질 선을 통해 쉽게 구분할 수 있다.

---

(1) 셔츠형 대형 컨버터블 칼라와 단추식 커프스가 적용되었다.
(2) 앞섶에는 최상단 하나를 제외하고 히든 처리된 단추 여밈이 사용되었다.
(3) 전면에는 소형 대형 각 한쌍의 직사각형 카고 포켓과 히든 처리된 단추 2개로 고정되는 직사각형 뚜껑이 적용되었으며, 각 카고 포켓 하단에는 배수구가 적용되었다.
(4) 상단 카고 포켓 안쪽과 하단 카고 포켓 전 방향에는 주름이 적용되었다.
(5) 상단 좌측 카고 포켓 내부에는 펜꽂이가 적용되었으며 뚜껑 상단에 펜꽂이 입구 1개가 적용되었다.
(6) 팔꿈치에는 내구성 보강을 위한 덧댐원단이 적용되었다.
(7) 후면은 1장의 원단으로 구성되었다.
(8) 원형 OD색 플라스틱 단추가 적용되었다.

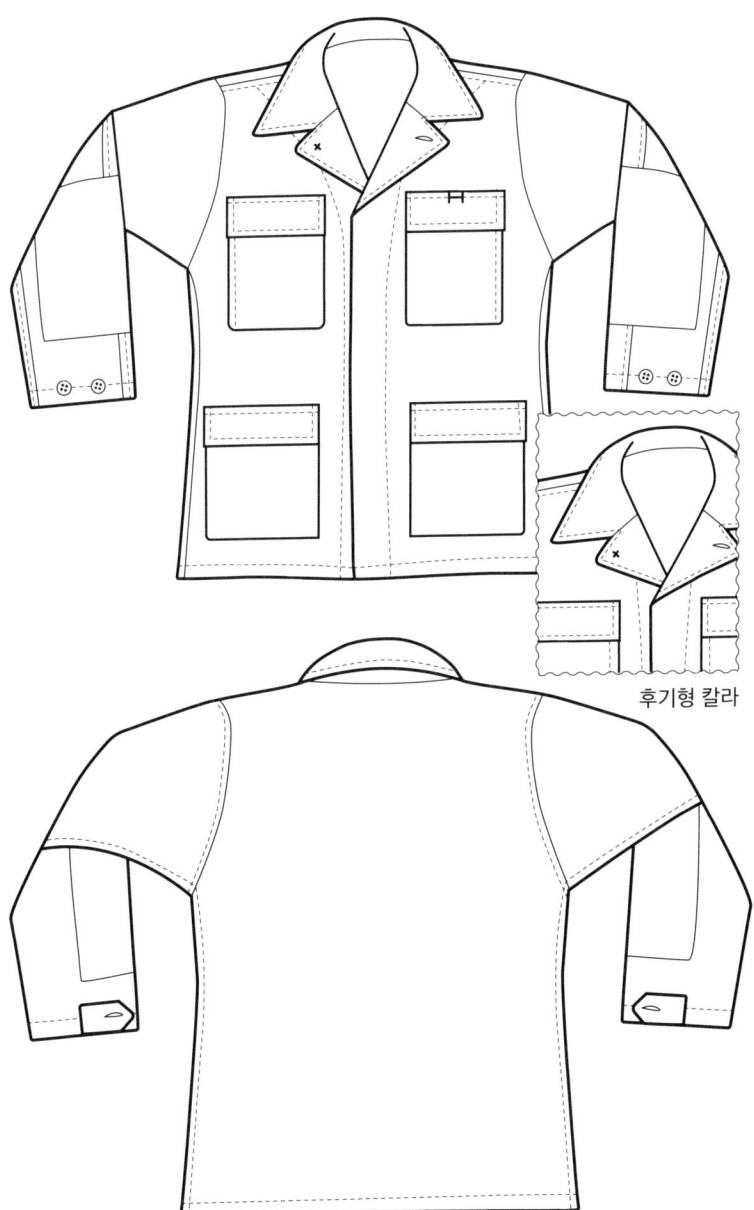

후기형 칼라

비 고	사양 번호 MIL-C-44047 / 계열번호 TYPE I
의 복 명	Trousers, Woodland Camouflage Pattern, Combat BDU 바지 (1세대 BDU 바지)
도입연도	1981년
원단재질	Nyco 트윌
원단색상	우드랜드 위장 무늬

BDU 바지 계열의 기반이 되는 최초의 패턴이다. 무릎과 엉덩이에 내구성을 위한 덧댐원단이 적용된 것이 가장 큰 구분 점이며 이외에도 양쪽 허벅지의 카고 포켓 주름이 한 줄에서 TCU와 같은 두 줄로 변경되었다.

---

(1) 바지 여밈은 맨 윗 단추 외에는 히든 처리된 버튼 플라이가 적용되었다.
(2) 전면에는 사이드 포켓 한쌍이, 후면에는 히든 처리된 단추 2개로 고정되는 한쌍의 사각형 플랩 포켓이 적용되었다.
(3) 양쪽 허벅지에는 직사각형 카고 포켓과 단추 2개로 고정되는 직사각형 뚜껑이 적용되었다. 카고 포켓 몸통 중앙에는 두 줄의 주름이, 하단에는 배수구가 적용되었다.
(4) 양쪽 허리 측후면에는 어드저스터가 적용되었다.
(5) 양쪽 무릎에는 활동성을 위한 한쌍의 다트가 적용되었다.
(6) 양쪽 무릎과 엉덩이에는 내구성 보강을 위한 덧댐원단이 적용되었다.
(7) 밑단 안쪽에는 납작한 나일론 조임 끈이 적용되었다.
(8) 원형 OD색 플라스틱 단추가 적용되었다.

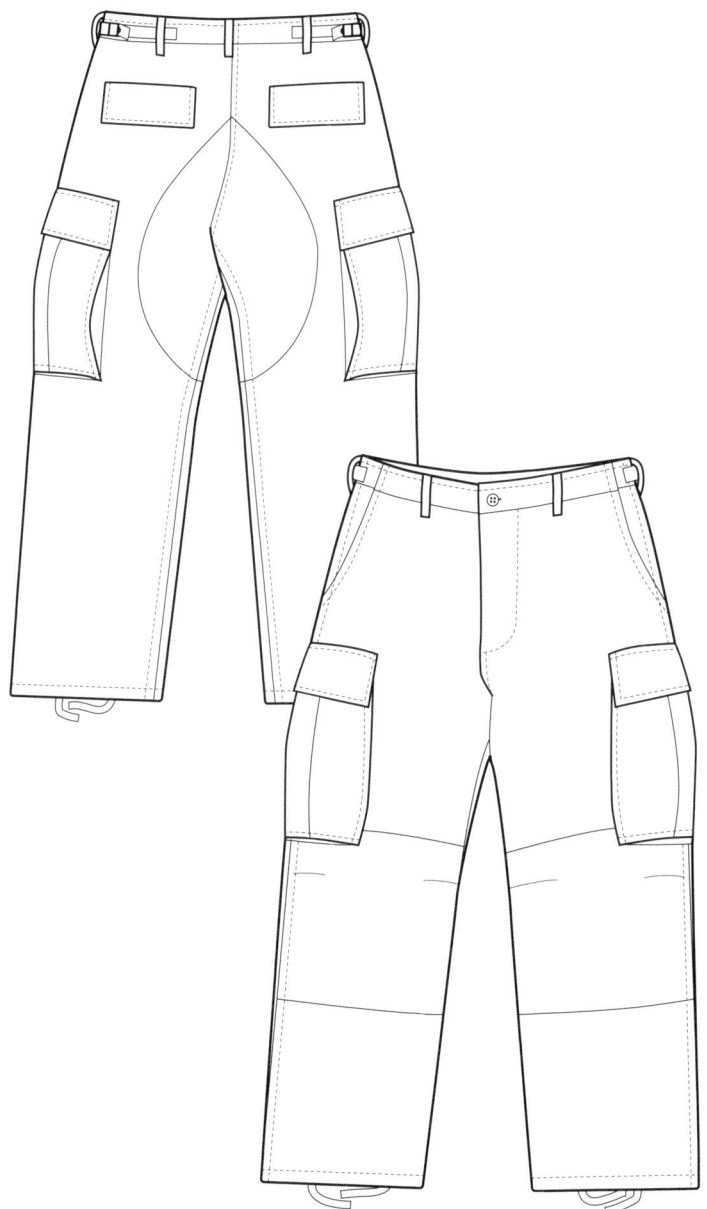

HWBDU 재킷

75레인저연대 2대대 소속 이병의 재킷.

2세대 BDU 바지

비 고	사양 번호 MIL-C-44048 / 계열번호 TYPE I, III
의 복 명	Coat, Woodland Camouflage Pattern, Combat Coat, Hot Weather, Woodland Camouflage Pattern, Combat BDU 재킷, HWBDU 재킷 (2세대 BDU 재킷, HWBDU 재킷)
도입연도	1985년
원단재질	Nyco 트윌, 립스톱 포플린
원단색상	우드랜드 위장 무늬

1985년 립스톱 포플린 원단이 적용된 열대/더운 날씨용 BDU인 HWBDU가 개량된 패턴과 함께 도입되었다. 동시에 BDU에도 이 새로운 패턴이 적용되었기에 2번째 패턴 BDU와 HWBDU를 묶어 구분한다.

    1세대 특유의 대형 칼라가 HWU 이전에 일반적으로 사용되던 보통 크기의 칼라로 변경되었으며 허리에는 단추식 조임대가 적용되었다.

(1) 셔츠형 컨버터블 칼라와 단추식 커프스가 적용되었다.
(2) 앞섶에는 최상단 하나를 제외하고 히든 처리된 단추 여밈이 사용되었다.
(3) 전면에는 소형 대형 각 한쌍의 직사각형 카고 포켓과 히든 처리된 단추 2개로 고정되는 직사각형 뚜껑이 적용되었으며, 각 카고 포켓 하단에는 배수구가 적용되었다.
(4) 상단 카고 포켓 바깥쪽과 하단 카고 포켓 전 방향에 주름이 적용되었다.
(5) 상단 좌측 카고 포켓 내부에는 펜꽂이가 적용되었으며 뚜껑 상단에 펜꽂이 입구 1개가 적용되었다.
(6) 후면 허리에 단추식 조임대가 적용되었다.
(7) 팔꿈치에는 내구성 보강을 위한 덧댐원단이 적용되었다.
(8) 후면은 2장의 원단으로 구성되었다.
(9) 원형 OD색 플라스틱 단추가 적용되었다.

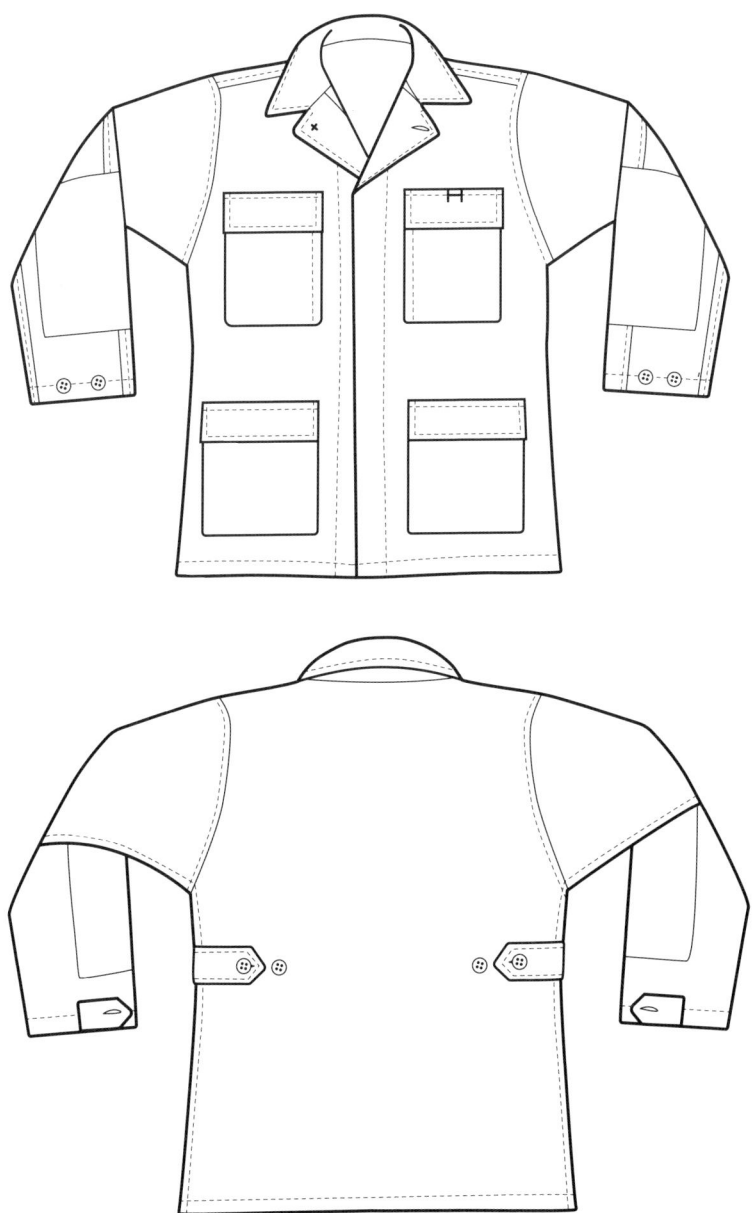

비 고	사양 번호 MIL-C-44047 / 계열번호 TYPE I, III
의복 명	Trousers, Woodland Camouflage Pattern, Combat Trousers, Hot Weather, Woodland Camouflage Pattern, Combat BDU 바지, HWBDU 바지 (2세대 BDU 바지, HWBDU 바지)
도입연도	1985년
원단재질	Nyco 트윌, 립스톱 포플린
원단색상	우드랜드 위장 무늬

1985년 립스톱 포플린 원단이 적용된 열대/더운 날씨용 BDU인 HWBDU가 개량된 패턴과 함께 도입되었다. 동시에 BDU에도 이 새로운 패턴이 적용되었기에 2번째 패턴 BDU와 HWBDU를 묶어 구분한다.

재킷과 달리 바지는 큰 수정이 없었으며 HWBDU 바지 한정으로 이전 가스 플랩과 흡사한 '버그 플랩(Bug flap)'이 바지 여밈에 추가되었다. 또한 허리 부분이 보강된 새로운 패턴이 도입되었으며 기존 패턴과 섞여 생산되었다.

---

(1) 바지 여밈은 맨 윗 단추 외에는 히든 처리된 버튼 플라이가 적용되었다.
(2) 전면에는 사이드 포켓 한쌍이, 후면에는 히든 처리된 단추 2개로 고정되는 한쌍의 사각형 플랩 포켓이 적용되었다.
(3) 양쪽 허벅지에는 직사각형 카고 포켓과 단추 2개로 고정되는 직사각형 뚜껑이 적용되었다. 카고 포켓 몸통 중앙에는 두 줄의 주름이, 하단에는 배수구가 적용되었다.
(4) 양쪽 허리 측후면에는 어드저스터가 적용되었다.
(5) 양쪽 무릎에는 활동성을 위한 한쌍의 다트가 적용되었다.
(6) 양쪽 무릎과 엉덩이에는 내구성 보강을 위한 덧댐원단이 적용되었다.
(7) 밑단 안쪽에는 납작한 나일론 조임 끈이 적용되었다.
(8) 원형 OD색 플라스틱 단추가 적용되었다.
(9) HWBDU 한정으로 바지 여밈 안쪽에 '버그 플랩'이 추가되었다.

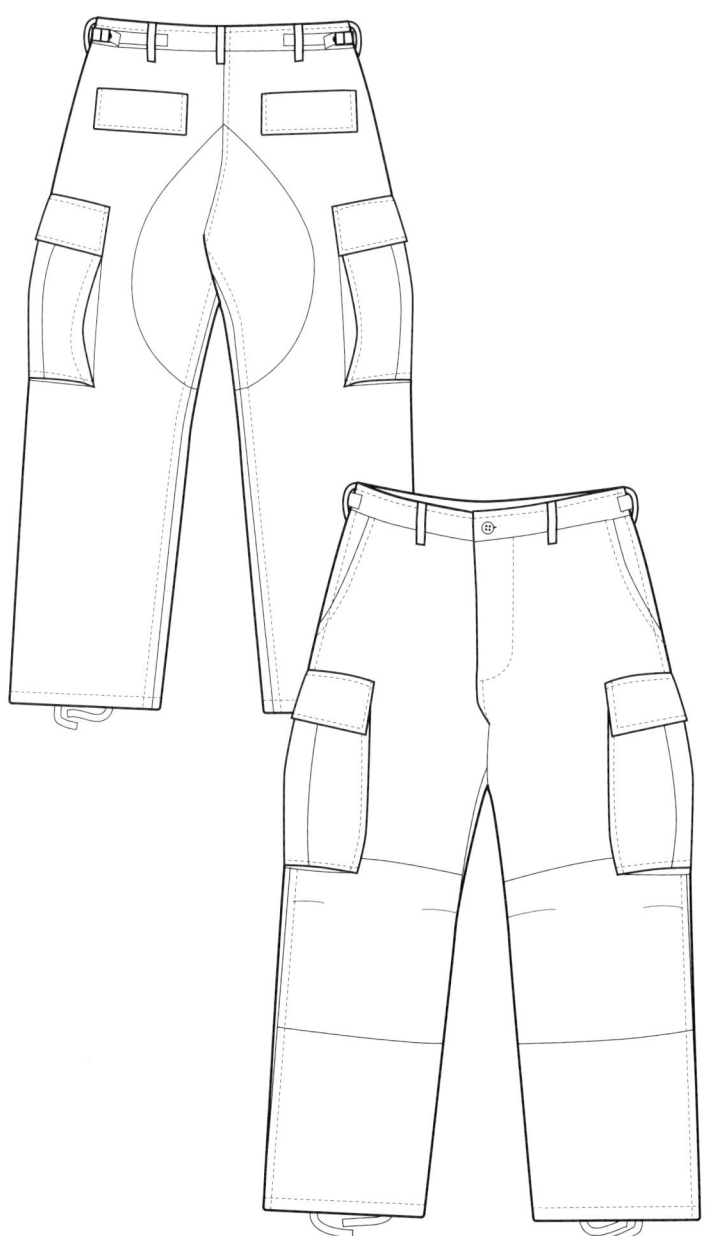

3세대 BDU 재킷
주한미군 18 의무사령부 소속 KATUSA 대원의 재킷.

3세대 EHWBDU 바지

비　　　고	사양 번호 MIL-C-44048 / 계열번호 TYPE I, VI, VIII, XIII
의 복 명	Coat, Temperate, Woodland Camouflage Pattern, Combat Coat, Enhanced Hot Weather, Woodland Camouflage Pattern, Combat Coat/Trousers, Enhanced Hot Weather, Camouflage Green 483 Coat/Trousers, Hot Weather, Black 357 BDU 재킷, EHWBDU 재킷, CG 483 재킷, Black 357 재킷 (3세대 BDU 재킷, EHWBDU 재킷, CG 483 재킷, Black 357 재킷)
도입연도	1993년, 1995년(EHWBDU)
원단재질	Nyco 트윌, Nyco 립스톱
원단색상	우드랜드 위장 무늬, CG 483(올리브 그린), Black 357(검정)

1995년 Nyco 립스톱 원단이 적용된 열대/더운 날씨용 BDU의 개량형인 EHWBDU가 개량된 패턴과 함께 도입되었다. 동시에 BDU에도 이 새로운 패턴이 적용되었기에 3번째 패턴 BDU와 EHWBDU를 묶어 구분한다.

후면 조임대가 다시 삭제되었으며 내구성을 위해 커프스 구조가 변경된 것이 외형적인 구분 점이다.

우드랜드 위장 무늬 외에도 CG 483 및 Black 357 단색 변형도 생산되었으며 주로 대항군에서 사용되었다.

---

(1) 셔츠형 컨버터블 칼라와 보강된 단추식 커프스가 적용되었다.
(2) 앞섶에는 최상단 하나를 제외하고 히든 처리된 단추 여밈이 사용되었다.
(3) 전면에는 소형 대형 각 한쌍의 직사각형 카고 포켓과 히든 처리된 단추 2개로 고정되는 직사각형 뚜껑이 적용되었으며, 각 카고 포켓 하단에는 배수구가 적용되었다.
(4) 상단 카고 포켓 바깥쪽과 하단 카고 포켓 바깥쪽에 주름이 적용되었다.
(5) 상단 좌측 카고 포켓 내부에는 펜꽂이가 적용되었으며 뚜껑 상단에 펜꽂이 입구 1개가 적용되었다.
(6) 팔꿈치에는 내구성 보강을 위한 덧댐원단이 적용되었다.
(7) 후면은 2장의 원단으로 구성되었다.
(8) 원형 OD색 플라스틱 단추가 석용되었다.

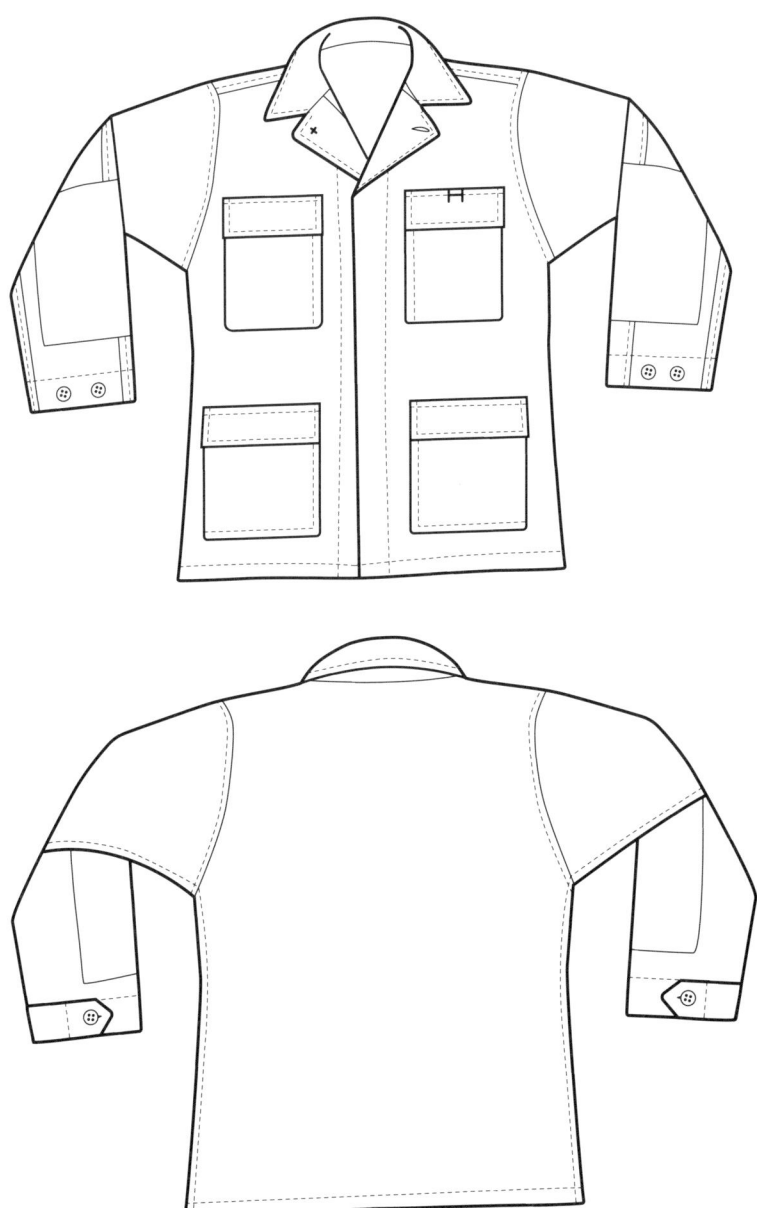

비 고	사양 번호 MIL-C-44047 / 계열번호 TYPE I, VI, VIII, XIII
의복명	Trousers, Temperate, Woodland Camouflage Pattern, Combat Trousers, Enhanced Hot Weather, Woodland Camouflage Pattern, Combat Trousers, Enhanced Hot Weather, Camouflage Green 483 Trousers, Hot Weather, Black 357 BDU 바지, EHWBDU 바지, CG 483 바지, Black 357 바지 (3세대 BDU 바지, EHWBDU 바지, CG 483 바지, Black 357 바지)
도입연도	1995년
원단재질	Nyco 트윌, Nyco 립스톱
원단색상	우드랜드 위장 무늬, CG 483(올리브 색상), Black 357(검정)

1995년 Nyco 립스톱 원단이 적용된 열대/더운 날씨용 BDU의 개량형인 EHWBDU가 개량된 패턴과 함께 도입되었다. 동시에 BDU에도 이 새로운 패턴이 적용되었기에 3번째 패턴 BDU와 EHWBDU를 묶어 구분한다.

바지의 경우는 양쪽 무릎의 다트가 사라진 것이 유일한 변경 점이다.

(1) 바지 여밈은 맨 윗 단추 외에는 히든 처리된 버튼 플라이가 적용되었다.
(2) 전면에는 사이드 포켓 한쌍이, 후면에는 히든 처리된 단추 2개로 고정되는 한쌍의 사각형 플랩 포켓이 적용되었다.
(3) 양쪽 허벅지에는 직사각형 카고 포켓과 단추 2개로 고정되는 직사각형 뚜껑이 적용되었다. 카고 포켓 몸통 중앙에는 두 줄의 주름이, 하단에는 배수구가 적용되었다.
(4) 양쪽 허리 측후면에는 어드저스터가 적용되었다.
(5) 양쪽 무릎과 엉덩이에는 내구성 보강을 위한 덧댐원단이 적용되었다.
(6) 밑단 안쪽에는 납작한 나일론 조임 끈이 적용되었다.
(7) 원형 OD색 플라스틱 단추가 적용되었다.
(8) HWBDU 한정으로 바지 여밈 안쪽에 '버그 플랩'이 추가되었다.

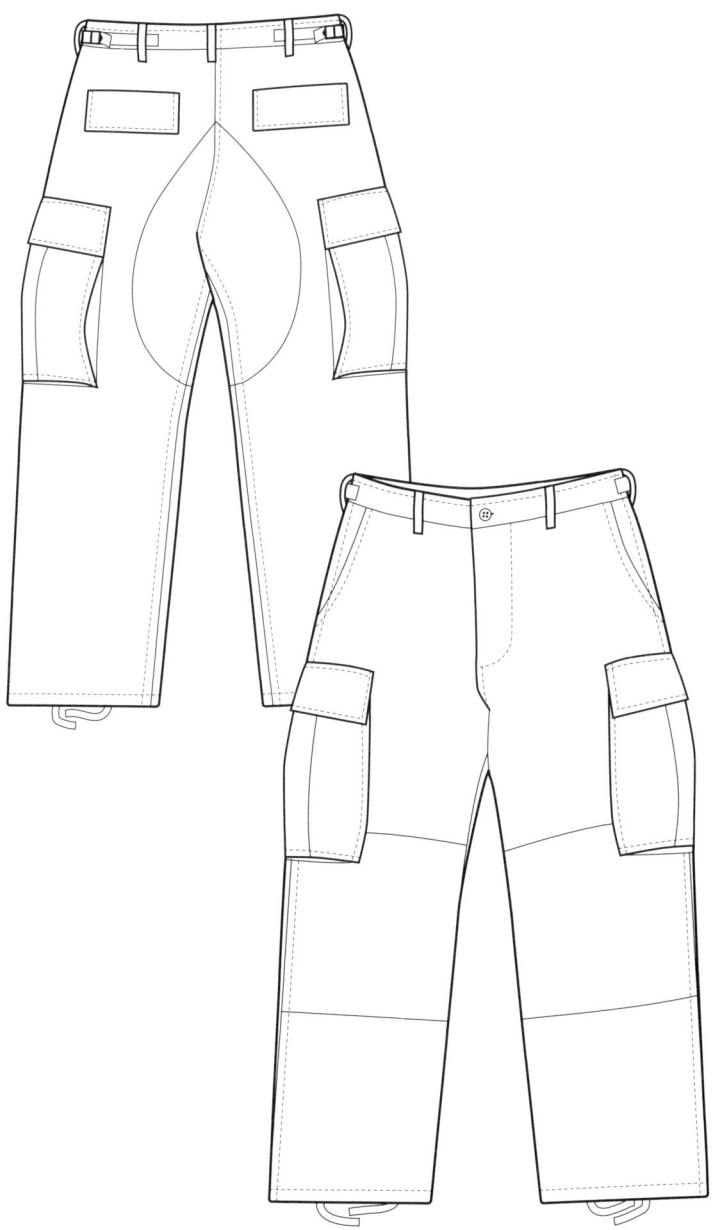

1세대 DBDU 재킷
미 육군 3보병사단 병장(SGT)의 재킷.

2세대 DBDU 바지

3세대 DBDU 재킷

3세대 DBDU 바지

비 고	사양 번호 MIL-C-44048, MIL-C-44047 / 계열번호 TYPE II
의 복 명	Coat/Trousers, Camouflage Pattern, Desert DBDU (1세대 DBDU)
도입연도	1981년
원단재질	Nyco 트윌
원단색상	사막 6색 위장 무늬

사막 6색(Desert 6 Color) 위장 무늬를 적용한 미군의 사막 전투복 DBDU (Desert Battle Dress Uniform)계열의 기반이 되는 최초 패턴이다. BDU의 도입보다 이른 시점인 1980년 이집트에서 시행된 Bright Star 훈련 파견부대에 먼저 지급되었으며 이후 BDU와 함께 1981년부터 정식 도입되었다.

1세대 DBDU 재킷은 1세대 BDU 재킷과 동일한 패턴으로 제작되었기 때문에 대형 '엘비스 칼라'와 같은 최초 1세대 BDU 재킷의 특징은 물론 1982년 이후의 칼라 단추 위치 조정 같은 변경점도 공유한다. 이외에도 DBDU만의 특징인 사막의 햇빛 차단을 위한 후면 안쪽 덧댐원단이 적용되었으며 재킷 카고 포켓 하단의 배수구는 삭제되었다.

---

(1) 1세대 BDU와 동일한 대형 칼라가 적용되었다.
(2) 1세대 BDU와 동일하게 1982년 이후에 계약분에서는 앞섶 여밈 단추 간격과 칼라 형태가 조정되었다.
(3) 재킷 후면 안쪽에는 차양 역할을 하는 덧댐원단이 적용되었다.
(4) 재킷 카고 포켓 하단의 배수구가 삭제되었다.
(5) 그 외에는 1세대 BDU의 패턴을 공유한다.

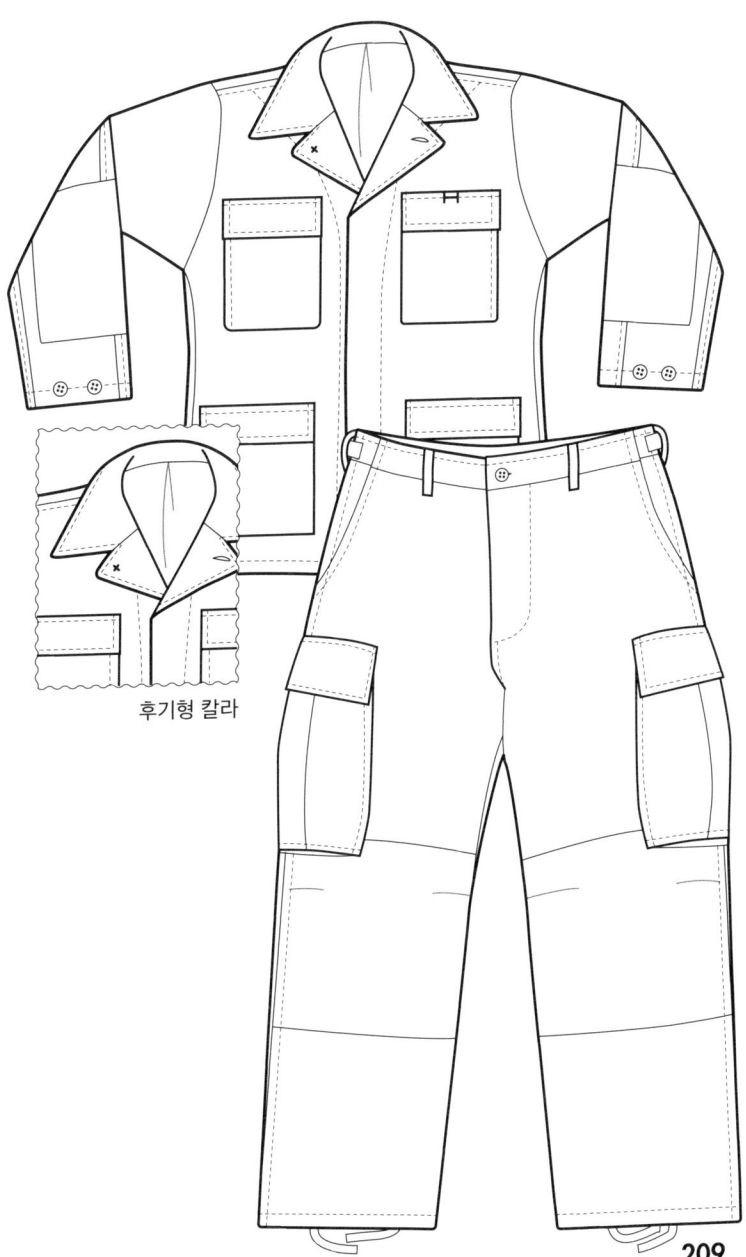

후기형 칼라

비 고	사양 번호 MIL-C-44048, MIL-C-44047 / 계열번호 TYPE II
의 복 명	Coat/Trousers, Camouflage Pattern, Desert DBDU (2세대 DBDU)
도입연도	1985년
원단재질	Nyco 트윌
원단색상	사막 6색 위장 무늬

DBDU의 2번째 패턴으로 2세대 BDU 패턴이 적용되었으며 대부분의 변경점들을 공유한다. 다만 재킷의 경우 DBDU 재킷의 특징인 대형 칼라가 유지되었으며 사막의 햇빛 차단을 위한 후면 안쪽 덧댐원단도 유지되었다.

　최 후기 계약분 등 일부 개체에는 재킷 카고포켓 하단의 배수구가 적용되기도 했다.

(1) 1세대 BDU 후기형과 동일한 단추 간격이 조정된 대형 칼라가 적용되었다.
(2) 재킷 후면 안쪽에는 차양 역할을 하는 덧댐원단이 적용되었다.
(3) 재킷 카고 포켓 하단의 배수구가 삭제되었다.
(4) 그 외에는 재킷 후면 허리의 단추식 조임대 등 2세대 BDU의 패턴을 공유한다.

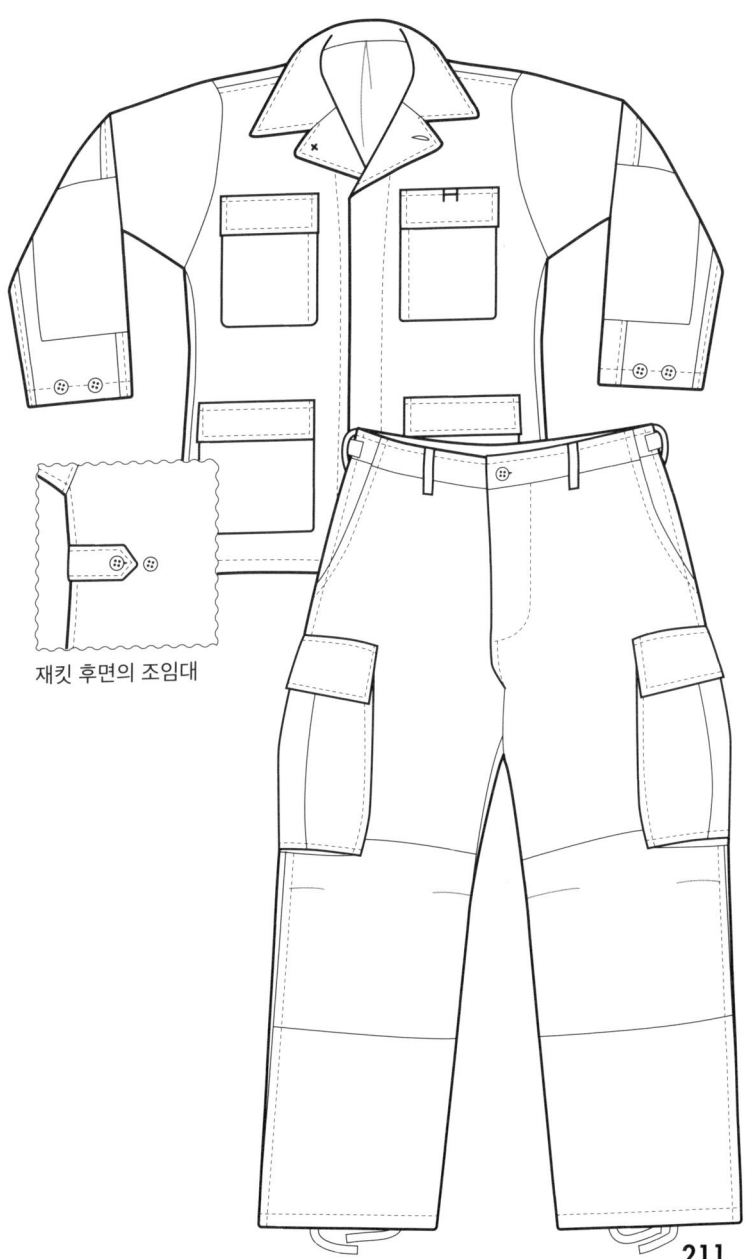

재킷 후면의 조임대

비　　고	사양 번호 MIL-C-44048, MIL-C-44047 / 계열번호 TYPE II
의 복 명	Coat/Trousers, Desert Camouflage Pattern, Combat DBDU (3세대 DBDU)
도입연도	1990년
원단재질	Nyco 트윌
원단색상	사막 6색 위장 무늬

1990년부터 미군은 이미 DBDU를 대체하는 신형 사막 전투복의 도입을 진행 중이었지만 걸프전의 발발로 인해 긴급히 기존 DBDU를 대량 발주했고, 이에 따라 생산성 향상에 중점을 두고 간략화된 3세대 DBDU가 등장하게 되었다.

2세대 DBDU의 패턴을 기반으로 많은 부분이 간략화되었는데, 차양을 위한 후면 안쪽의 차양을 위한 덧댐원단과 허리의 단추식 조임대는 물론 팔꿈치와 무릎, 엉덩이의 덧댐원단도 삭제되었다. 또한 이전 1, 2세대에 적용된 사막 6색 위장 무늬보다 무늬의 크기와 색감이 다소 조절된 사막 6색 위장 무늬가 적용되기도 했다.

DBDU, TYPE II 사양은 공식적으로는 1990년부터 DCU에 의해 대체되어 계열 번호가 삭제되었으며 1995년까지 착용이 허용되었다.

---

(1) 1세대 BDU 후기형과 동일한 단추 간격이 조정된 대형 칼라가 적용되었다.
(2) 재킷 후면 안쪽의 덧댐원단이 삭제되었다.
(3) 재킷 뒷면 허리의 단추식 조임대가 삭제되었다.
(4) 바지 팔꿈치, 무릎, 엉덩이의 내구성 보강을 위한 덧댐원단이 삭제되었다.
(5) 1,2세대의 사막 6색 위장 무늬에서 비율과 색감이 다소 조정되었다.
(6) 그 외에는 2세대 BDU의 패턴을 공유한다.

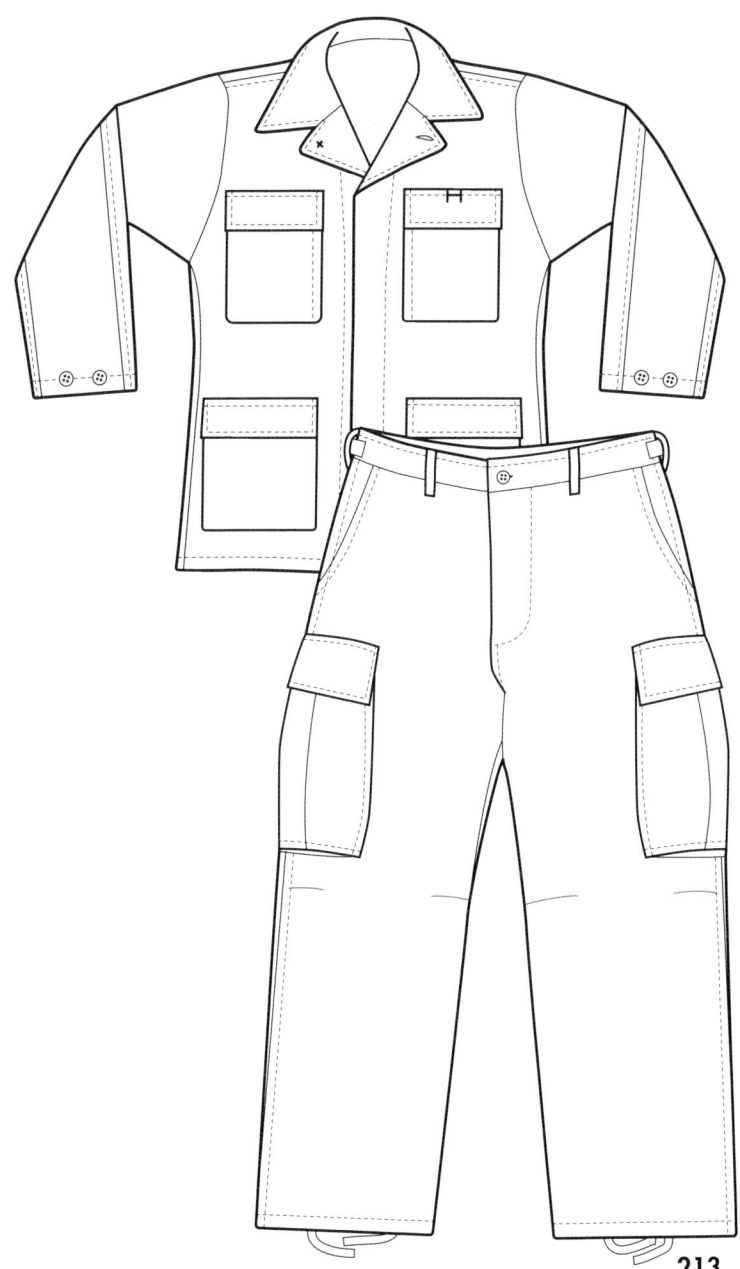

HWDCU 재킷

1세대 DCU 바지

2세대 DCU 재킷
2003년 이라크 침공 초기 25사단 기술 상병(SPC)의재킷.

2세대 DCU 바지

비 고	사양 번호 MIL-C-44048, MIL-C-44047 / 계열번호 TYPE V
의 복 명	Coat/Trousers, Hot Weather, Desert Camouflage Pattern (3 color), Combat HWDCU
도입연도	1990년
원단재질	립스톱 포플린
원단색상	사막 3색 위장 무늬

사막 3색 위장 무늬를 적용한 사막 전투복 DCU 계열의 기반이 되는 최초 패턴 중 하나이다. 1990년의 최초 계약분은 2세대 BDU와 거의 동일한 패턴에 위장 무늬만 사막 3색으로 변경되어 생산되었는데, 적용된 얇은 립스톱 포플린 원단은 사막의 강한 햇볕을 제대로 차단하지 못하는 문제가 있었다.

1990년 계약분까지는 DBDU와 마찬가지로 후면 안쪽에 차양 용도의 덧댐 원단이 적용되었으나 이후 삭제되었다.

---

(1) 후면 안쪽에는 차양을 위해 덧댐원단이 적용되었다. (1990년 계약분만 해당)
(2) 재킷 카고 포켓 하단의 배수구가 삭제되었다.
(3) 그 외에는 2세대 BDU의 패턴을 공유한다.

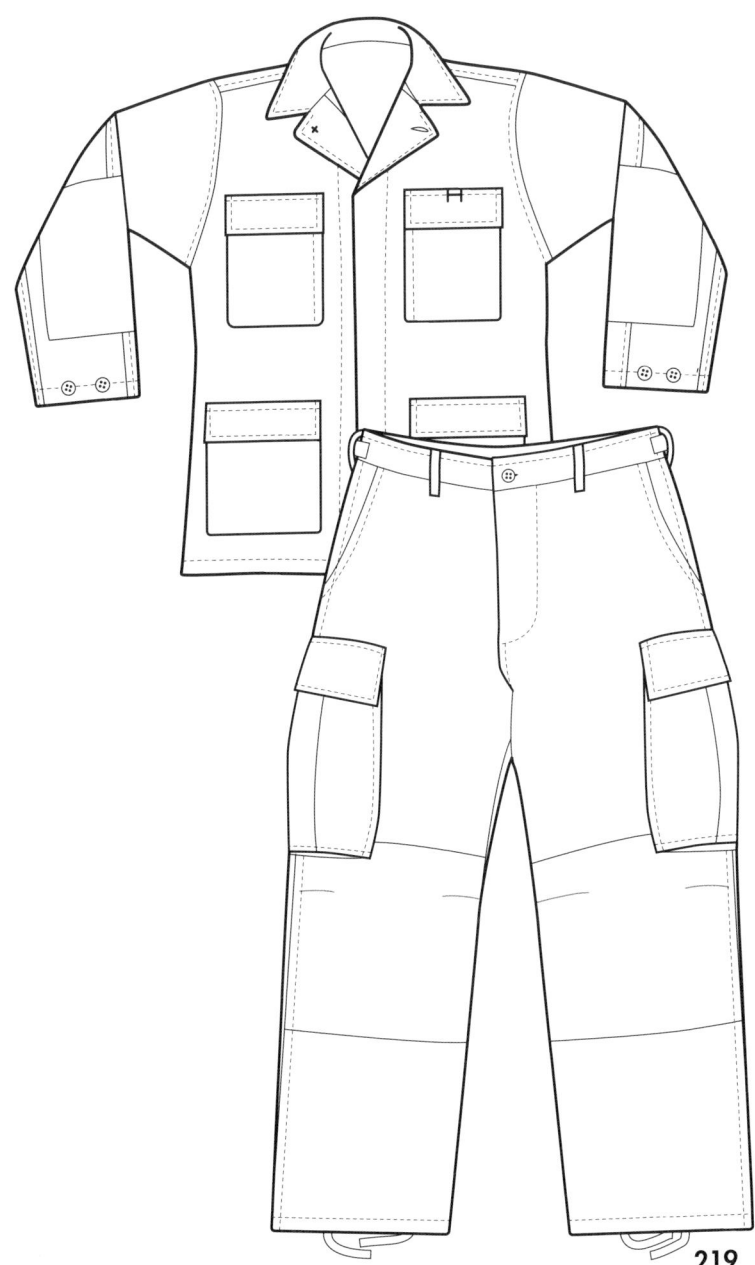

비 고	사양 번호 MIL-C-44048, MIL-C-44047 / 계열번호 TYPE IV
의 복 명	Coat/Trousers, Desert Camouflage Pattern (3 color), Combat DCU (1세대 DCU)
도입연도	1990년
원단재질	Nyco 트윌
원단색상	사막 3색 위장 무늬

사막 3색 위장 무늬를 적용한 미군의 사막 전투복 DCU계열의 기반이 되는 최초 패턴 중 하나이다. 함께 도입되었던 립스톱 포플린 원단의 TYPE V HWDCU는 햇빛 차단 능력이 떨어졌기 때문에 DBDU 계열에 적용되었던 Nyco 트윌 원단의 TYPE IV DCU가 주로 생산, 지급되었다.

　같은 시기 등장한 3세대 DBDU와 동일한 패턴이 적용되었으며 최 후기 계약분은 3세대 BDU의 패턴의 특징들이 적용되어 생산되었다.

---

(1) 3세대 DBDU의 패턴을 공유한다.

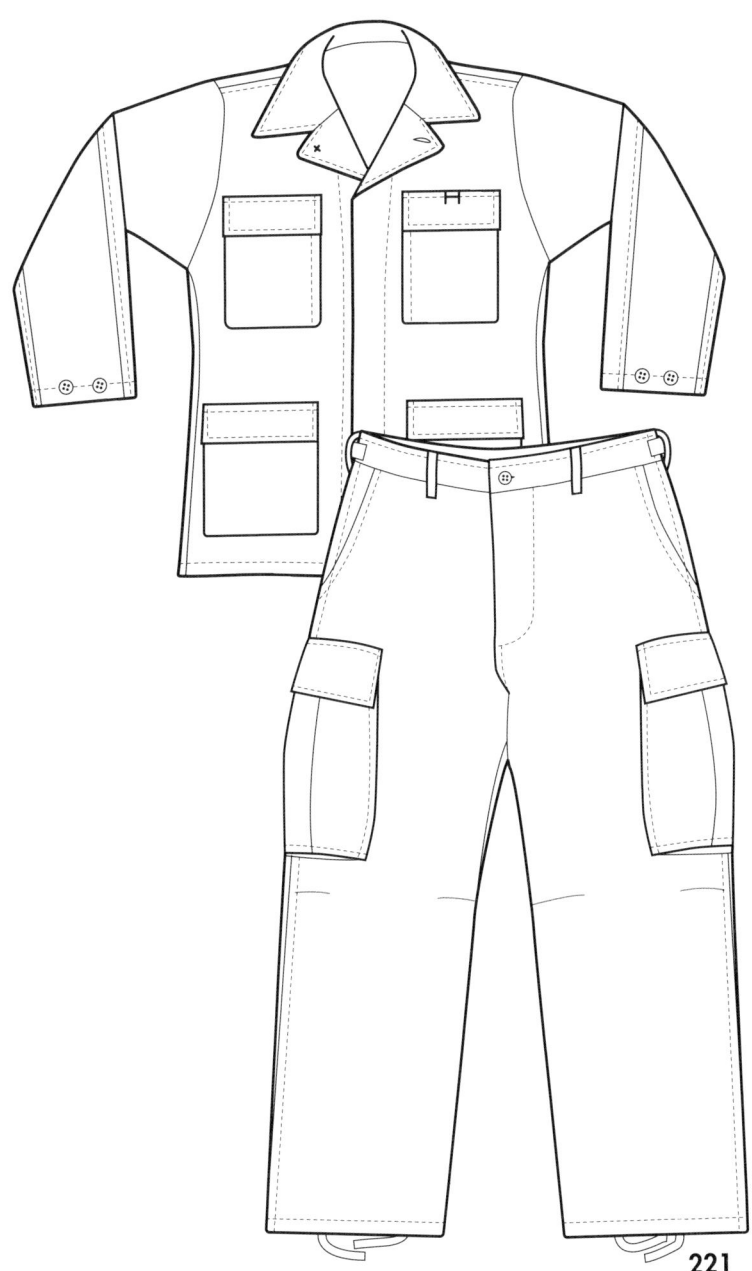

비 고	사양 번호 MIL-C-44047 / 계열 번호 TYPE VI, TYPE VII
의복명	Trousers, Desert Camouflage Pattern, Combat DCU 바지 (2세대 DCU 재킷)
도입연도	1995년
원단재질	Nyco 트윌(TYPE IV 후기 계약분), Nyco 립스톱
원단색상	사막 3색 위장 무늬

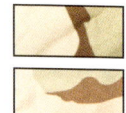

1995년 EHWBDU와 3세대 BDU 패턴의 도입에 맞춰 DCU에도 새로운 원단과 패턴이 적용되었다. 보다 얇고 가벼우면서도 충분한 햇빛 차단 능력이 있는 Nyco 립스톱 원단이 기존 Nyco 트윌 원단을 대체했으며, Nyco 트윌 원단 DCU인 TYPE IV는 삭제되고 Nyco 립스톱 원단 DCU의 계열 번호 TYPE VII이 새롭게 추가되었다. 동시에 3세대 BDU 재킷의 패턴이 적용되었으나 대형 칼라는 유지되었다.

    2세대 DCU 재킷은 바지와는 달리 별다른 패턴 변화 없이 2000년대 중반 신형 전투복으로 대체될 때 까지 그대로 사용되었다. 다만 2000년대를 전후해서는 2세대 BDU부터 적용되었던 보통 크기 칼라가 섞여 생산되었다.

    TYPE VII의 생산에 약간 앞서 TYPE IV 재킷의 후기 계약분도 2세대 DCU 재킷의 패턴으로 생산되었는데, 93, 94, 95년 계약분이 확인된다.

---

(1) 1세대 BDU 후기형과 동일한 단추 간격이 조정된 대형 칼라가 적용되었으나 90년대 말부터는 BDU/HWBDU/EHWBDU와 동일한 보통 크기 칼라가 섞여 생산되었다.

(2) 그 외에는 DBDU/DCU계열에서 삭제되었던 재킷 카고 포켓 하단의 배수구가 다시 추가되는 등 3세대 BDU의 패턴을 공유한다.

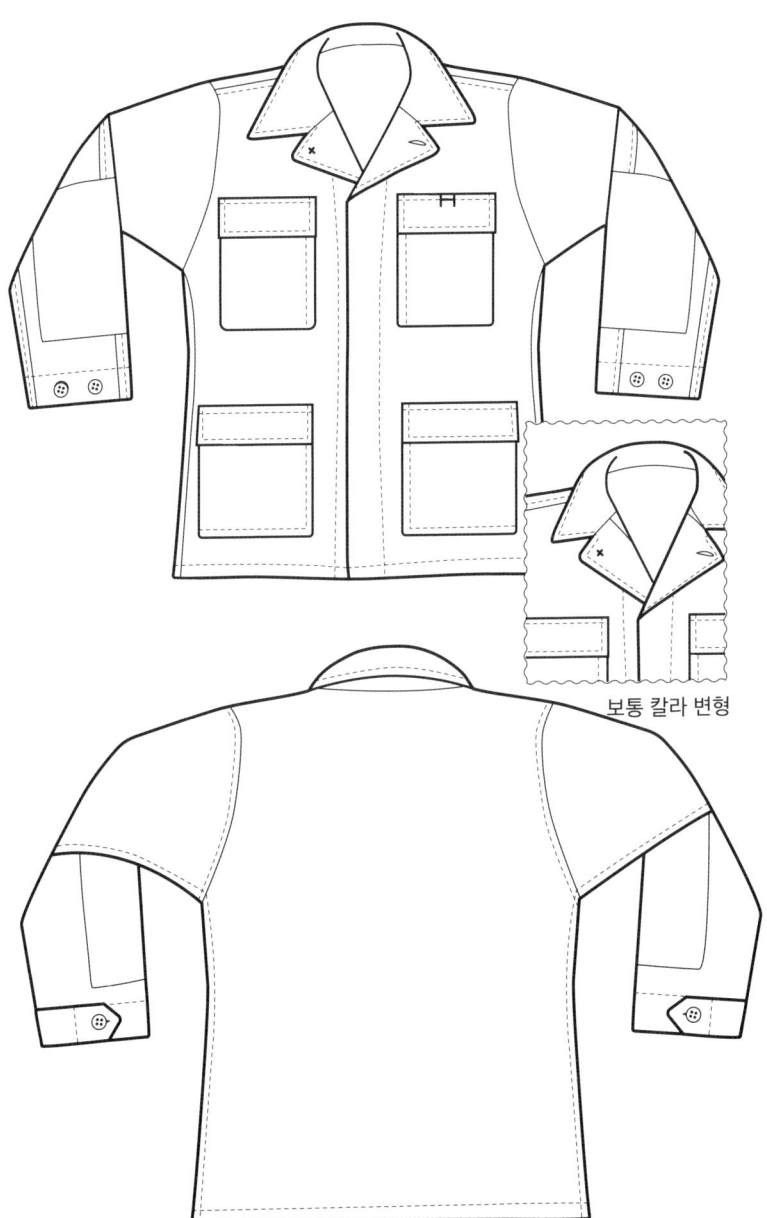

보통 칼라 변형

비 고	사양 번호 MIL-C-44047 /계열 번호 TYPE VI, TYPE VII
의복명	Trousers, Desert Camouflage Pattern, Combat DCU 바지 (2세대 DCU 바지)
도입연도	1995년
원단재질	Nyco 트윌(TYPE IV 후기 계약분), Nyco 립스톱
원단색상	사막 3색 위장 무늬

1995년 EHWBDU와 3세대 BDU 패턴의 도입에 맞춰 DCU에도 새로운 원단과 패턴이 적용되었다. 보다 얇고 가벼우면서도 충분한 햇빛 차단 능력이 있는 Nyco 립스톱 원단이 기존 Nyco 트윌 원단을 대체했으며, Nyco 트윌 원단 DCU인 TYPE IV는 삭제되고 Nyco 립스톱 원단 DCU의 계열 번호 TYPE VII이 새롭게 추가되었다. 동시에 3세대 BDU 바지의 패턴이 적용되었으나 무릎과 엉덩이의 덧댐원단은 삭제되었다.

    2세대 DCU바지는 계열 번호 TYPE VII인 Nyco 립스톱 DCU의 도입 초기에 잠시 생산되었던 패턴으로, 95년 계약분이 확인된다.

    TYPE VII의 생산에 약간 앞서 TYPE IV 바지의 후기 계약분도 2세대 DCU 바지의 패턴으로 생산되었는데, 93, 94, 95년 계약분이 확인된다.

(1) 무릎, 엉덩이의 내구성 보강을 위한 덧댐원단은 삭제되었다.
(2) 그 외에는 3세대 BDU 바지의 패턴을 공유한다.

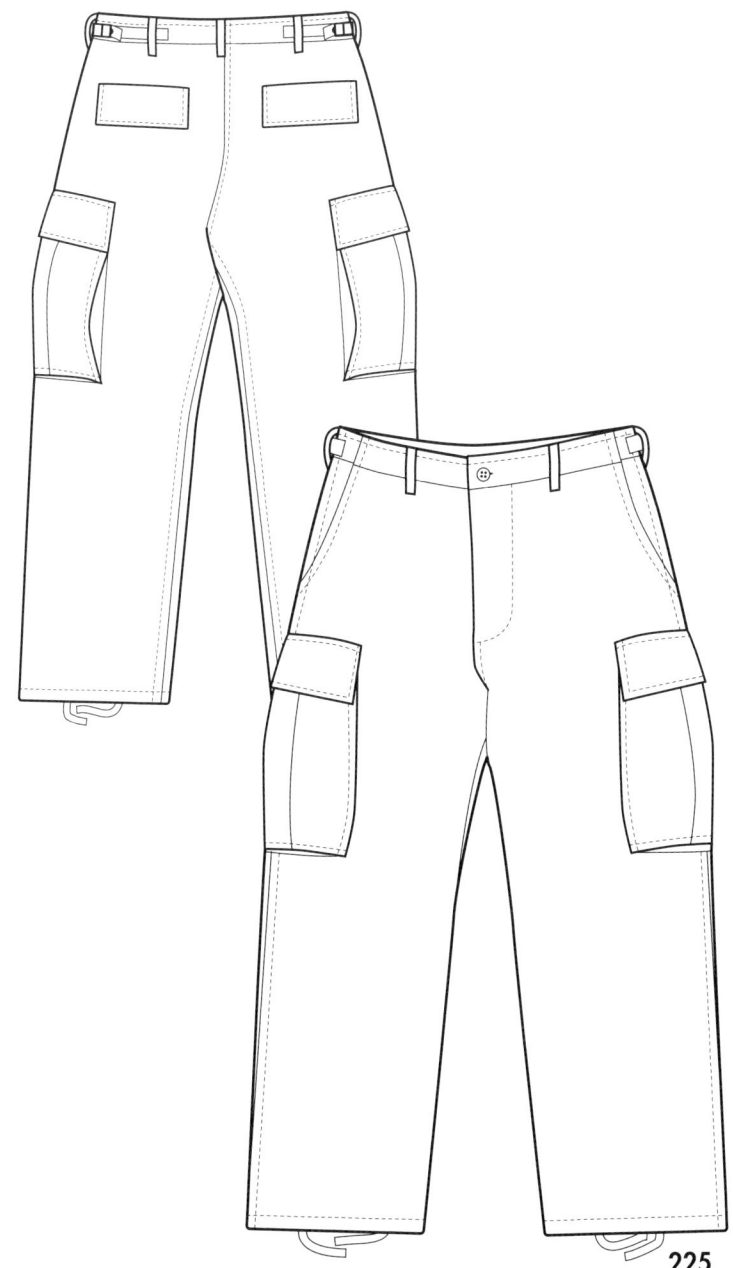

비 고	사양 번호 MIL-C-44048/MIL-C-44047 / 계열번호 TYPE VII
의복명	Coat/Trousers, Desert Camouflage Pattern, Combat DCU (3세대 DCU 바지)
도입연도	1995년 후반
원단재질	Nyco 립스톱
원단색상	사막 3색 위장 무늬

DCU 바지의 최종 패턴이다. 무릎과 엉덩이의 덧댐원단을 포함해 3세대 BDU 바지 패턴이 그대로 적용되었다.

97년 이후 계약분에 해당한다.

---

(1) 바지의 무릎, 엉덩이 내구성 보강을 위한 덧댐원단을 포함해 3세대 BDU 바지의 패턴을 그대로 공유한다.

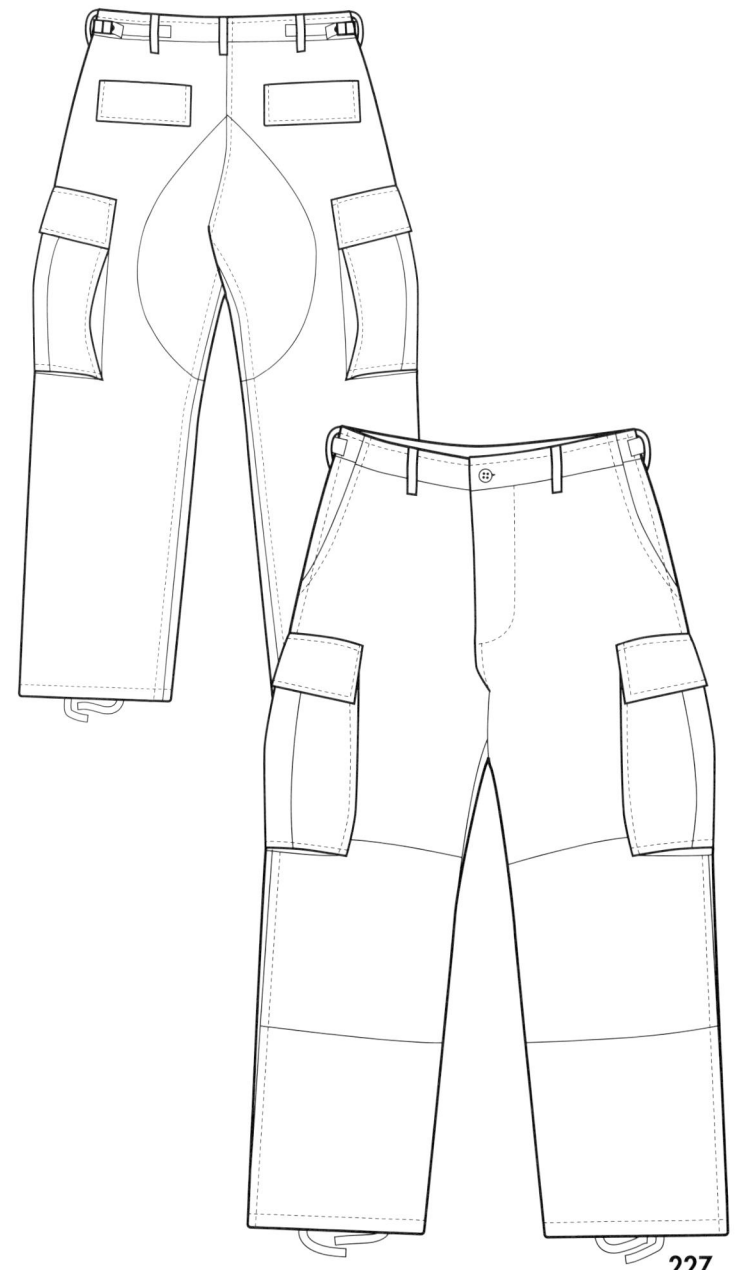

CHAPTER 6
ACU

Army Combat Uniform
06-I ACU

238	상의 - Coat, Army Combat Uniform (1세대) Coat, Army Comabt Uniform -Flame Resistant (1세대 FRACU)
240	하의 - Trousers, Army Combat Uniform (1세대) Trousers, Army Combat Uniform - Flame Resistant (1세대 FRACU)
244	상의 - Coat, Army Combat Uniform (2세대) Coat, Army Comabt Uniform -Flame Resistant (2세대 FRACU)
246	하의 - Trousers, Army Combat Uniform (2세대) Trousers, Army Combat Uniform - Flame Resistant (2세대 FRACU)
252	상의 - Coat, Army Combat Uniform -Unisex (3세대) Coat, Army Comabt Uniform -Unisex -Flame Resistant (3세대 FRACU)
254	하의 - Trousers, Army Combat Uniform -Unisex (3세대) Trousers, Army Combat Uniform -Unisex -Flame Resistant (3세대 FRACU)

Improved Hot Weather Combat Uniform
06-II IHWCU

258	상의 - Coat, Improved Hot Weather Combat Uniform - Unisex
260	하의 - Trousers, Improved Hot Weather Combat Uniform - Unisex

ABOUT
ACU

미 육군의 신형 전투복 ACU와 UCP

BDU의 도입 이후 녹지용 BDU/EHWBDU와 사막용 DCU를 작전 환경에 맞춰 사용하고 있었던 미 육군은 21세기에 접어들며 이원화된 전투복 체계를 단일 전투복으로 대체할 차세대 전투복을 구상하게 되었으며 이러한 컨셉을 바탕으로 2004년 도입된 전투복이 바로 **ACU(Army Combat Uniform)**였다.

ACU에는 이미 1980년대 말부터 방탄복의 착용이 당연시되던 2000년대 미 육군 보병을 위한 상박으로 옮겨진 카고 포켓과 기울어진 가슴 주머니, 세워 사용할 수 있는 스탠드 칼라, 가슴으로 옮겨진 계급장 등의 편의성 개선은 물론이고 내장식 무릎/팔꿈치 보호대와 적외선 피아식별을 위한 IR 테이프를 기본 적용하는 등 각종 전술적인 요소들과 같은 이전의 전투복들에선 찾아볼 수 없었던 새로운 요소들이 적용되어 이전의 전투복들과는 전혀 다른 혁신적이고 선진적인 전투복으로 완성되었다.

ACU는 이라크전이 한창이던 2004년경 시험 되었던 CCU/CU(-Close Combat Uniform, 근접전투복)을 기반으로 개발되었다. 이름 그대로 시가전/근접전용 전투복으로 설계된 CCU는 당대 현장에서 실제 운용 및 요구되었던 다양한 개선점을 적용한 시험적 전투복이었는데, 그 요소

사진 6-1   ACU의 원형이 되는 CCU 재킷과 바지.

들 중 다수가 ACU에도 적용되었다. 이렇게 완성된 ACU는 2004년부로 미 육군에 도입되었으며 당시 가장 상황이 위급했던 이라크 파병부대를 우선으로 지급이 시작되어 2008년에는 BDU와 DCU를 완전히 대체한다.

ACU에는 전 세계 환경에서 모두 적용 가능한 새로운 위장 무늬인 UCP(Universal Camouflage Pattern)가 적용되었다. UCP는 기존 우드랜드와 사막 3색 위장 무늬를 대체하는 통합 위장 무늬를 목표로 전 세계의 다양한 색조의 중간값인 회색조를 디지털 픽셀 형태로 구현한 위장 무늬였다. 하지만 자연색이 아닌 회색빛의 UCP는 제대로 된 테스트 없이 졸속으로 채용되었다는 의혹이 있을 정도로 어느 환경에서도 위장 성능이 떨어졌기에 결국 2007~2008년 수행된 연구 결과 미 육군은 UCP의 대체가 시급하다는 결론을 내린다.

이후 미 육군은 UCP 대체를 위한 장기 계획을 수립한다. 하지만 우선 당시 격화되던 아프가니스탄 전장의 미 육군을 위한 새로운 위장 무늬를 우선 도입하기로 결정했으며, 2009년 이미 전 세계에서 널리 사용되며 그 성능을 입증한 크라이 프리시전(Crye Precision)의 **멀티캠(Multicam)**이 OCP(Operation enduring freedom Camouflage Pattern)라는 이름으로 미 육군 아프가니스탄 파병부대 전용 위장 무늬로 도입되었다.

사진 6-2   ACU를 착용한 미 육군 101공수사단 소속 병사들. ACU의 도입과 함께 의복 외의 개인 장구류에까지 UCP가 적용되었다. (2006년 이라크)

OCP의 도입과 현재

OCP의 도입이 결정된 2010년 이후 얼마 지나지 않아 아프가니스탄의 모든 전투 병력은 OCP 전투복을 지급받았으며 현장에서도 호평을 받았다. 하지만 그 와중에도 미 육군의 UCP 대체 계획은 여전히 진행 중이었다.

그 결과 2015년에는 미 육군이 소유권을 가진 멀티캠의 초기 변형 중 하나인 **스콜피온(Scolpion W2)** 위장 무늬가 UCP를 대체하는 미 육군의 제식 위장 무늬로 최종 선정되었다. 스콜피온 W2는 OCP라는 명칭을 'Operational Camouflage Pattern'으로 약간 수정해 그대로 이어받았으며 상/하의를 단순화한 새로운 패턴의 ACU도 함께 도입되었다. 기존 OCP(멀티캠)는 OEF-CP(Operation Enduring Freedom-Camouflage Pattern)라는 새로운 명칭을 부여받았다. OCP와 신형 ACU는 2019년까지의 혼용기간을 거쳐 최종적으로 전 세계의 UCP를 완전히 대체했으며 OCP ACU는 2025년 현시점에도 미 육군의 제식 전투복으로 사용되고 있다.

한편, 테러와의 전쟁이 끝나가던 2010년 중반부터 미국의 관심사는 중동에서 아시아로 옮겨가기 시작했는데, 이에 맞춰 2019년부터는 덥고 습한 아시

사진 6-3　훈련중인 미 육군 25보병사단 소속 병사들. OCP 3세대 ACU(좌)와 IHWCU(우)를 착용하고 있다. (2020년 하와이)

아 환경에 맞춘 열대/더운 날씨용 전투복인 IHWCU(Improved Hot Weather Combat Uniform)가 도입되기도 했다. 단순화되면서 인체공학적인 패턴과 ACU의 Nyco 립스톱보다 더 얇고 가볍고 속건성이 뛰어난 새로운 원단이 적용된 이 신형 열대/더운 날씨용 전투복은 뛰어난 착용감과 가벼운 무게와 속건성 같은 기능성으로 많은 대원들의 사랑을 받았고, 아시아뿐 아니라 전 세계 다양한 지역의 미 육군들에게 널리 사용되고 있다.

ACU는 함께 도입된 UCP의 실패에도 불구하고 의복 자체로서는 21세기 첨단 군복의 상징으로 이후의 전 세계 신형 전투복들에 지대한 영향을 끼쳤다. 특히 상박으로 옮겨간 주머니와 벨크로 다수가 적용된 설계는 전 세계적으로 방탄 장비 사용의 보편화 등 보병 전술 장비의 수준이 상향 평준화된 2020년대에는 당연한 것이 되었다. 이렇듯 ACU는 미래 전장 환경을 예측해 시대를 앞서간, 현대 전투복에 한 획을 그은 명작이라 할 수 있을 것이다.

+

미 육군은 2007년경부터 아프간-이라크전의 전훈을 반영하여 방염 전투복인 FRACU(Flame Resistant-ACU)를 도입했다. FRACU는 ACU의 패턴을 공유하지만, Nyco 립스톱 원단 대신 방염 원사가 혼방된 특수 원단과 부자재가 적용되어 전투 시 발생하는 화상으로 인한 피해를 극적으로 줄여주었다. 아프가니스탄 파병군에 임시 도입된 OCP(멀티캠) ACU는 모두 FRACU 사양이었던 것처럼 FRACU는 전투지역 및 위험지역 파병 병력에만 ACU 대신 지급되었다. 현재도 3세대 ACU 패턴의 FRACU가 위험지역 파병 병력에 보급되고 있다.

여기에 추가로 미 육군은 방염 원단과 의복 형태적 한계로 방탄복 착용 시 열 피로에 취약한 FRACU를 보완하기 위해 전투에 특화된 기능성 방염 전투복인 ACS(Army Combat Shirts)와 ACP(Army Combat Pants)도 도입되었다. 미 육군에서 이들은 방탄복 착용 시에만 착용하는 전투복으로, 현재 ACU와는 다른 계열의 의복이라 할 수 있다.

실제로 FRACU는 물론 ACS/ACP의 등장으로 2020년대 현재의 ACU는 'Combat', 즉 실제 전투 임무를 제외한 작업복의 위치가 되어 가고 있다. 어떻게 보면 유틸리티 유니폼의 도입과 함께 전투복의 위치를 차지했던 퍼티그 유니폼이 70여년이 지난 후에야 퍼티그 유니폼의 원래의 위치로 회귀하고 있는 셈이다.

Section 06 - I
ACU (Army Combat Uniform)

의 복 명 Coat/Trousers, Army Combat Uniform
Coat/Trousers, Army Combat Uniform - Unisex
Coat/Trousers, Army Combat Uniform - Flame resistant
ACU, FRACU
도입연도 2004(ACU), 2007(FRACU), 2015(OCP/3세대 ACU)
원단재질 Nyco 립스톱(나일론/면 5:5 혼방), 아라미드 혼방 립스톱(FRACU)
원단색상 ACU, Multicam(OCP/OEF-CP), Socrpion W2(OCP)

2004년 도입된 ACU는 지역에 따라 구분되어 있던 미 육군의 전투복을 단 하나의 전투복으로 대체하는 통합 전투복이다. ACU와 함께 도입된 위장 무늬인 UCP는 실제 위장 성능이 매우 떨어지는 문제가 있었으나 전투복으로서의 ACU 자체는 선진적인 설계의 기능적인 전투복으로 현장에서 호평받았으며, 2025년 현 시점에도 위장 무늬를 OCP로 교체한 3세대 ACU가 사용되고 있다.

ACU의 패턴은 초기부터 세세한 수정이 있었지만 큰 수정은 ACU에 각각의 위장 무늬가 새롭게 도입될 때마다 적용되었기 때문에 이 책에서는 크게 2004년의 최초 패턴과 2010년, 2014년의 3가지 패턴으로 구분한다.

파병부대용 방염 전투복 변형인 FRACU는 ACU와 사실상 동일한 패턴을 사용하기에 이 책에서는 별도의 항목으로 구분하지는 않았다.

미 육군뿐 아니라 미 공군과 2019년 새롭게 창설된 미 우주군(US Space Force)도 OCP가 적용된 3세대 ACU를 각각 2018년과 2020년부터 제식 전투복으로 도입해 현재까지 사용 중이다.

A) 1세대 ACU를 착용한 미 육군 1기병사단 소속 상병(SPC). (2000년대 중반)
B) 3세대 OCP ACU를 착용한 미 육군 10산악사단 소속 상병(SPC). (2010년대 중반)

UCP ACU 재킷
2005년 계약분.

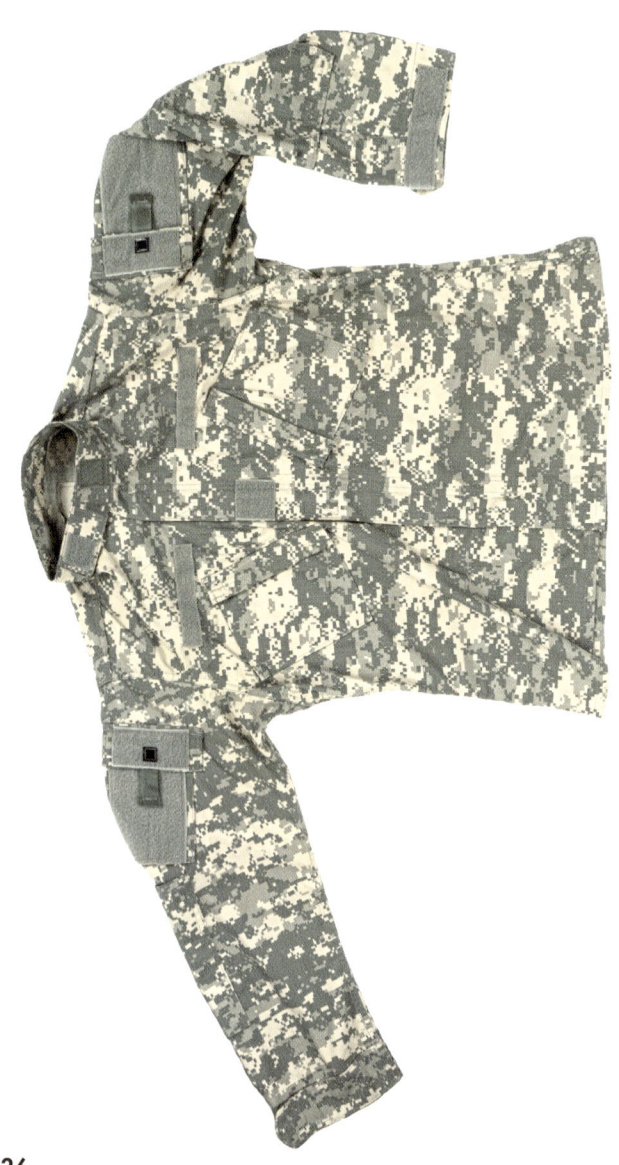

UCP ACU 바지

2005년 계약분.

비 고	규격 번호 FQ/PD 04-04
의 복 명	Coat, Army Combat Uniform Coat, Army Combat Uniform - Flame resistant ACU 재킷, FRACU 재킷 (1세대 ACU 재킷, 1세대 FRACU 재킷)
도입연도	2004년, 2007년(FRACU)
원단재질	Nyco 립스톱, 아라미드 혼방 립스톱(FRACU)
원단색상	UCP

ACU 재킷 계열의 기반이 되는 최초 패턴이다. 상박으로 옮겨간 카고 포켓, 기울어진 가슴 포켓은 물론 상박과 가슴의 주머니 뚜껑 및 앞섶 여밈 등에 여닫기 벨크로와 양면 지퍼를 다수 사용해 편의성 향상을 꾀했다. 특히 상박의 카고 포켓과 가슴에 적용된 벨크로를 통해 휘장류를 손쉽게 교체 및 탈착 할 수 있었다.

그 외에도 세워서 고정하는 스탠드 칼라, 상박 카고 포켓의 IR 테이프나 내장식 팔꿈치 보호대 등 다양한 전술적 요소가 적용되었다.

2007년부터 생산된 1세대 FRACU 재킷도 동일한 패턴을 사용했으며 손목의 작은 정사각형 패치와 지퍼 고리에 적용된 방염 원단이 구분점이다.

---

(1) 컨버터블 스탠드 칼라와 벨크로식 커프스가 적용되었다.
(2) 앞섶에는 히든 처리된 양면 지퍼와 벨크로의 이중 여밈이 사용되었다.
(3) 가슴에는 한쌍의 직사각형 패치 포켓과 벨크로로 고정되는 직사각형 뚜껑이 사선으로 적용되었다.
(4) 양 팔 상박에는 직사각형 카고 포켓과 벨크로로 고정되는 뚜껑이 팔 각도에 맞춰 적용되었으며 겉면에는 휘장 부착을 위한 암벨크로가 적용되었다.
(5) 상박 포켓 덮개에는 IR반사 테이프가 적용되었으며 포켓 뚜껑에는 이를 덮기 위한 벨크로 처리된 스트랩이 적용되었다.
(6) 좌측 하박에는 펜 3개를 꽂을수 있는 펜꽂이가 적용되었다.
(7) 양쪽 팔꿈치에는 벨크로로 여닫히는 보호대 수납부가 적용되었다.
(8) 후면은 3장의 원단으로 바이 스윙백 처리되었다.
(9) 휘장 부착 자리에 벨크로가 적용되었으며 계급장 자리는 가슴으로 옮겨졌다.

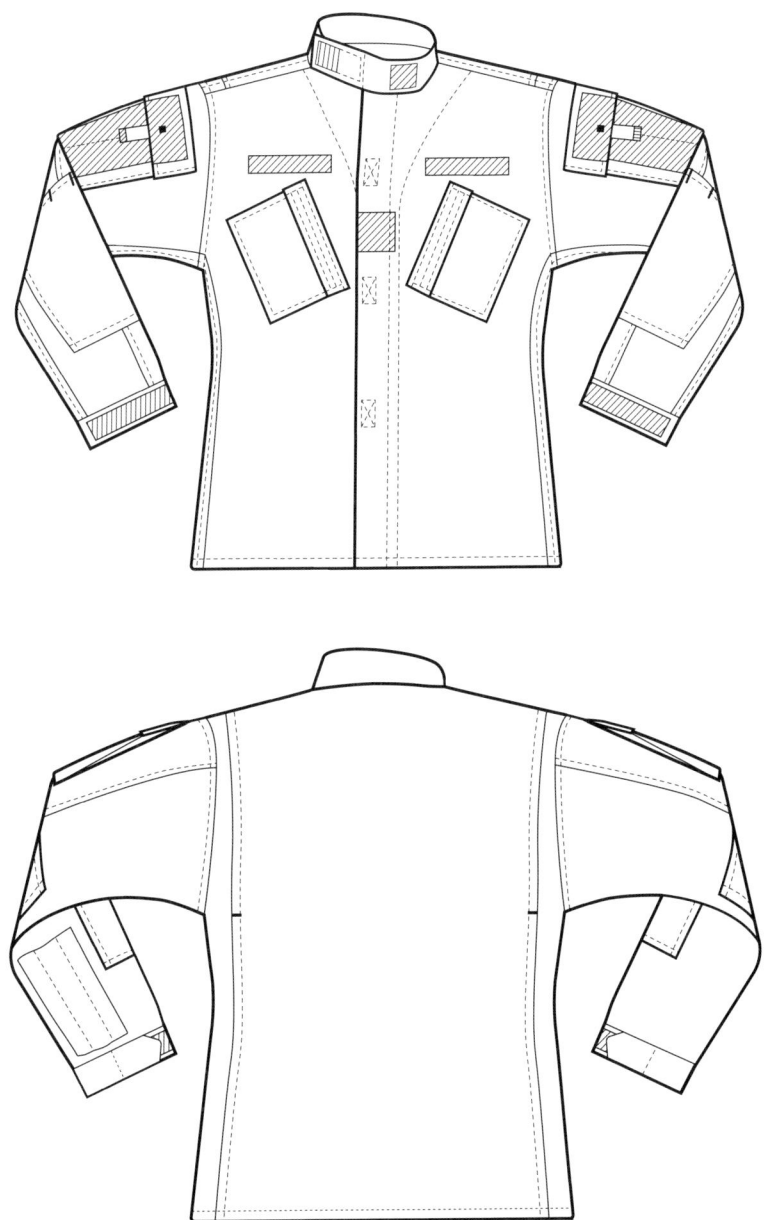

비 고	규격 번호 FQ/PD 04-05
의 복 명	Coat, Army Combat Uniform
	Coat, Army Combat Uniform - Flame resistant
	ACU 바지, FRACU 바지
	(1세대 ACU 재킷, 1세대 FRACU 재킷)
도입연도	2004년, 2007년(FRACU)
원단재질	Nyco 립스톱, 아라미드 혼방 립스톱(FRACU)
원단색상	UCP

ACU 바지 계열의 기반이 되는 최초 패턴이다. BDU 바지의 큰 틀은 유지하면서도 카고 포켓에는 내부 용적 조절을 위한 조임과 팔 각도에 맞춘 사선형 배치가 적용되었으며, 내장식 무릎보호대와 무릎쐐 자세에서 사용할 수 있는 작은 카고 포켓과 같이 크고 작은 편의성을 위한 요소들이 적용되었다.

TCU 이래 유지되던 허리의 어드저스터가 내부의 조임 끈으로 대체되었으며 모든 주머니 뚜껑에는 벨크로가 적용되었다.

2007년부터 생산된 1세대 FRACU 바지도 동일한 패턴을 사용했으며 카고 포켓 뚜껑의 작은 정사각형 패치와 지퍼 고리에 적용된 방염 원단이 구분점이다.

(1) 바지 여밈은 맨 윗 단추 외에는 히든 처리된 버튼 플라이가 적용되었다.
(2) 전면에는 사이드 포켓 한쌍이, 후면에는 히든 처리된 단추 2개로 고정되는 한쌍의 사각형 플랩 포켓이 적용되었다.
(3) 양쪽 허벅지에는 사선형 카고 포켓과 벨크로로 고정되는 사선형 뚜껑이 적용되었다. 카고 포켓 몸통 중앙에는 두 줄의 주름이 적용되었으며 후면에는 주머니 용적 조절을 위한 조임 끈이 적용되었다.
(4) 양쪽 종아리 측면에는 소형 포켓이 적용되었다.
(5) 허리 내부에는 조절을 위한 조임 끈이 적용되었다.
(6) 엉덩이에는 내구성 보강을 위한 덧댐원단이 적용되었으며 양쪽 무릎에는 벨크로로 여닫히는 보호대 수납부가 적용되었다.
(7) 밑단 안쪽에는 납작한 나일론 조임 끈이 적용되었다.
(8) 원형 폴리지그린색 플라스틱 단추가 적용되었다.

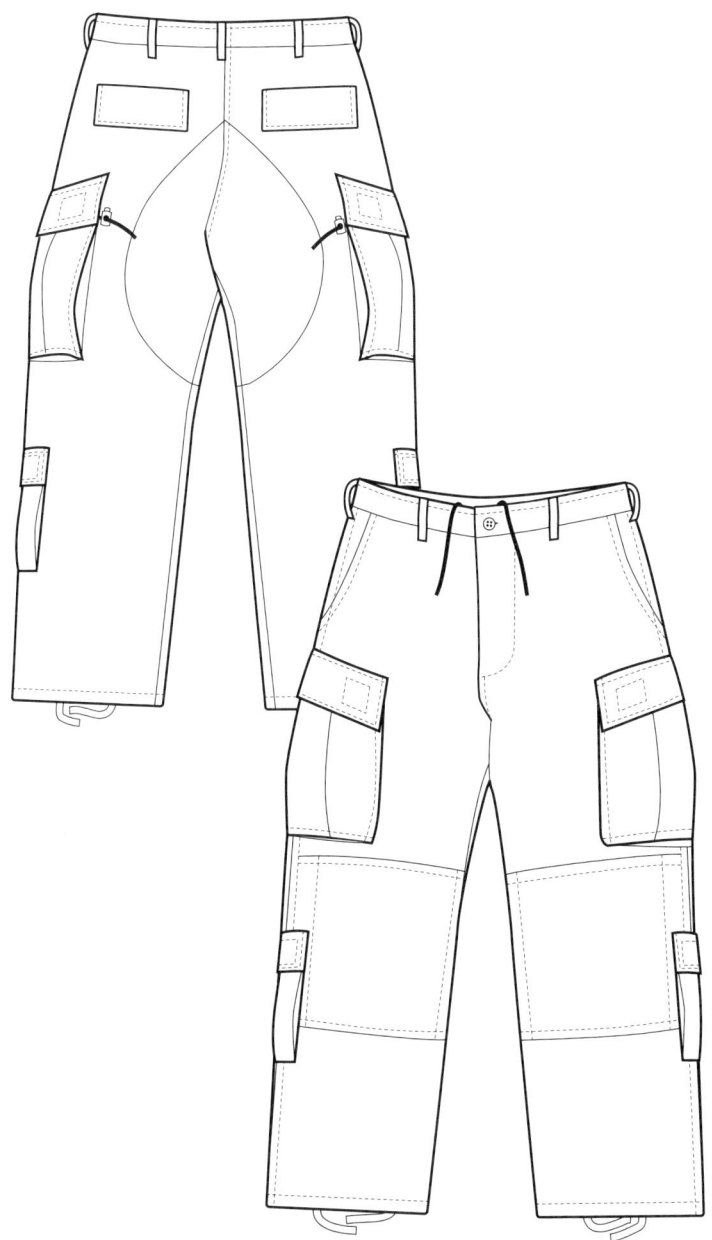

UCP ACU 재킷
2013 계약분.

UCP ACU 바지

2013 계약분.

비 고	규격 번호 GL/PD 07-13
의복명	Coat, Army Combat Uniform - Unisex
	Coat, Army Combat Uniform - Unisex - Flame Resistant
	ACU 재킷, FRACU 재킷
	(2세대 ACU 재킷, 2세대 FRACU 재킷)
도입연도	2010년
원단재질	Nyco 립스톱, 아라미드 혼방 립스톱(FRACU)
원단색상	UCP, OCP(멀티캠)

2010년 아프가니스탄 파병군 전용으로 도입된 OCP(멀티캠) 위장 무늬 FRACU 와 함께 도입된 두 번째 패턴이다. 상박 카고 포켓의 IR반사 테이프의 위치가 포켓 뚜껑에서 스트랩으로 옮겨간 것이 외형적으로 가장 큰 구분점이며 그 외에 원단에 해충 방지 처리가 적용되기 시작했다.

  2011년 계약분부터는 커프스가 벨크로 방식에서 단순화 된 단추식 커프스로 변경되기도 했다.

  2010년부터 생산된 2세대 FRACU 바지도 동일한 패턴을 사용했으며 구분을 위해 손목에 작은 정사각형 패치와 지퍼 고리에 적용된 방염 원단이 적용되었

---

(1) 컨버터블 스탠드 칼라와 벨크로식 커프스가 적용되었다. 2011년 이후부터는 단순화 된 단추식 커프스로 변경되었다.
(2) 앞섶에는 히든 처리된 양면 지퍼와 벨크로의 이중 여밈이 사용되었다.
(3) 가슴에는 한쌍의 직사각형 패치 포켓과 벨크로로 고정되는 직사각형 뚜껑이 사선으로 적용되었다
(4) 양 팔 상박에는 직사각형 카고 포켓과 벨크로로 고정되는 뚜껑이 팔 각도에 맞춰 적용되었으며 겉면에는 휘장 부착을 위한 암벨크로가 적용되었다.
(5) 상박 포켓 덮개의 IR반사 테이프가 포켓 뚜껑의 벨크로 처리된 스트랩 위에 적용되었다.
(6) 좌측 하박에는 펜 3개를 꽂을수 있는 펜꽂이가 적용되었다.
(7) 양쪽 팔꿈치에는 벨크로로 여닫히는 보호대 수납부가 적용되었다.
(8) 후면은 3장의 원단으로 바이 스윙백 처리되었다.
(9) 휘장 부착 자리에 벨크로가 적용되었으며 계급장 자리는 가슴으로 옮겨졌다.

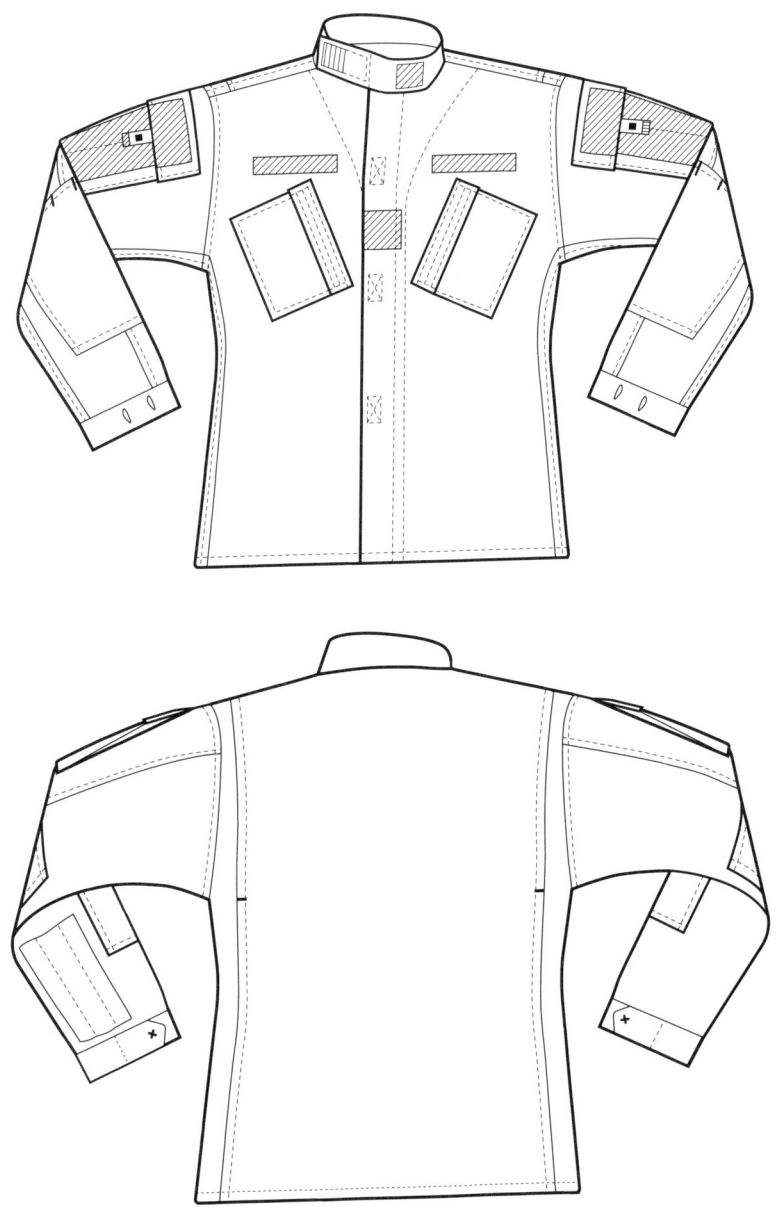

비 고	규격 번호 GL/PD 07-14
의복명	Trousers, Army Combat Uniform - Unisex
	Trousers, Army Combat Uniform - Unisex - Flame Resistant
	ACU 바지, FRACU 바지
	(2세대 ACU 바지, 2세대 FRACU 바지)
도입연도	2010년
원단재질	Nyco 립스톱, 아라미드 혼방 립스톱(FRACU)
원단색상	UCP, OCP(멀티캠)

2010년 아프가니스탄 파병군 전용으로 도입된 OCP(멀티캠) 위장 무늬의 FR ACU와 함께 도입된 두 번째 패턴이다. 카고 포켓 뚜껑의 벨크로가 모래 등 이물질로 인해 접착력이 떨어지는 문제가 제기되어 단추식으로 변경되었다. 포켓 용적을 조절할 수 있는 추가 단추가 카고 포켓 후면에 추가되기도 했으며 원단에 해충 방지 처리가 적용되기 시작했다.

    2010년부터 생산된 2세대 FRACU 바지도 동일한 패턴을 사용했으며 손목의 작은 정사각형 패치와 지퍼 고리에 적용된 방염 원단이 구분점이다.

---

(1) 바지 여밈은 맨 윗 단추 외에는 히든 처리된 버튼 플라이가 적용되었다.

(2) 전면에는 사이드 포켓 한쌍이, 후면에는 히든 처리된 단추 2개로 고정되는 한쌍의 사각형 플랩 포켓이 적용되었다.

(3) 양쪽 허벅지에는 사선형 카고 포켓과 히든 처리된 단추 2개로 고정되는 사선형 뚜껑이 적용되었다. 카고 포켓 몸통 중앙에는 두 줄의 주름이 적용되었으며 후면에는 주머니 용적 조절을 위한 조임끈과 추가 단추 1개가 적용되었다.

(4) 양쪽 종아리 측면에는 소형 포켓이 적용되었다.

(5) 허리 내부에는 조절을 위한 조임 끈이 적용되었다.

(6) 엉덩이에는 내구성 보강을 위한 덧댐원단이 적용되었으며 양쪽 무릎에는 벨크로로 여닫히는 보호대 수납부가 적용되었다.

(7) 밑단 안쪽에는 납작한 나일론 조임 끈이 적용되었다.

(8) 원형 폴리지그린(UCP)혹은 사막색(OCP) 플라스틱 단추가 적용되었다.

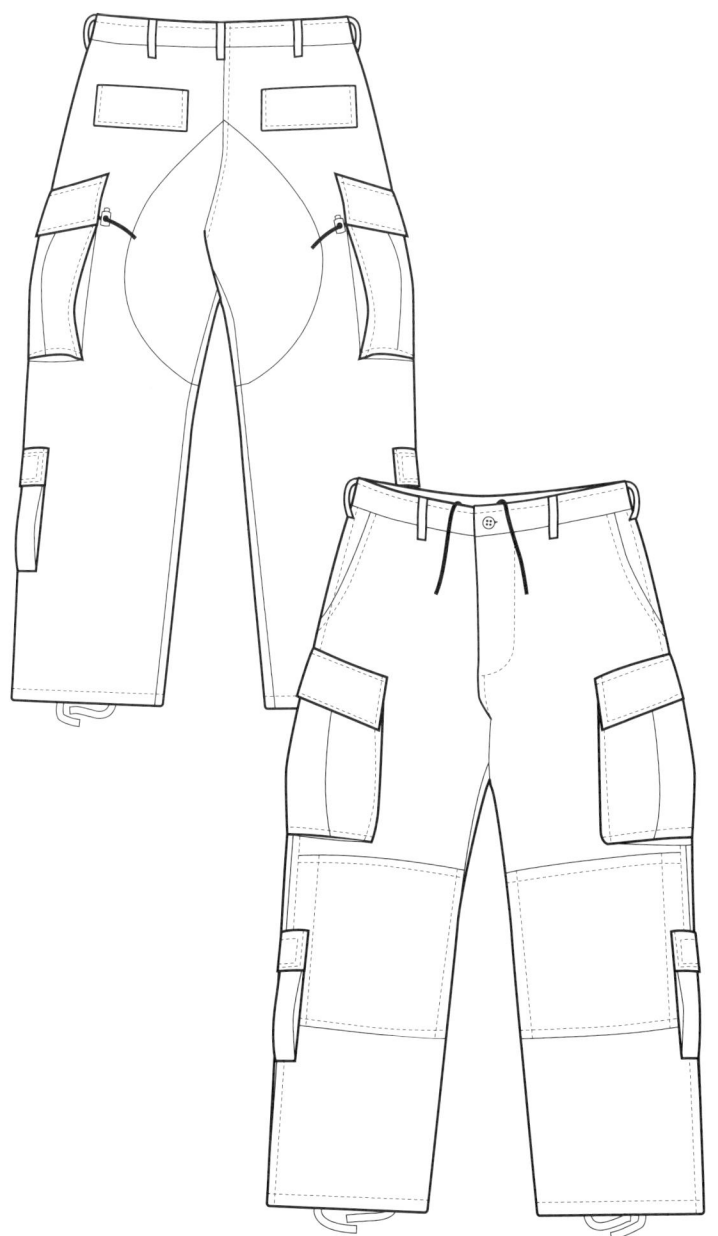

3세대 ACU 재킷

3세대 ACU 바지

비 고	규격 번호 GL/PD 14-04A
의 복 명	Coat, Army Combat Uniform
	Coat, Army Combat Uniform - Flame Resistant
	ACU 재킷, FRACU 재킷
	(3세대 ACU 재킷, 3세대 FRACU 재킷)
도입연도	2014년
원단재질	Nyco 립스톱, 아라미드 혼방 립스톱(FRACU)
원단색상	OCP(스콜피온 W2), UCP, OCP(멀티캠),

ACU 재킷의 세 번째 패턴으로 2014년 OCP와 함께 도입되었다. 거의 활용되지 않던 스탠드 칼라는 고정장치를 없앤 단순한 폴드 다운 칼라(Fold Down Collar)로 대체되었으며, 상박 카고 포켓은 뚜껑을 없앤 측면 지퍼 포켓으로 대체되었다. 가슴 포켓의 깊이도 깊어졌으며 양쪽 팔꿈치의 보호대 수납부는 BDU의 단순한 덧댐원단으로 회귀했다.

   2014년경부터 생산된 2세대 FRACU 재킷도 동일한 패턴을 사용했으며 손목의 작은 정사각형 패치와 지퍼 고리에 적용된 방염 원단이 구분점이다.

   UCP및 멀티캠이 적용된 변형도 극소수 생산되었다.

---

(1) 폴드 다운 칼라와 단순화 된 단추식 커프스가 적용되었다.
(2) 앞섶에는 히든 처리된 양면 지퍼와 벨크로의 이중 여밈이 적용되었다.
(3) 가슴에는 한쌍의 직사각형 패치 포켓과 벨크로로 고정되는 직사각형 뚜껑이 사선으로 적용되었다.
(4) 양 팔 상박에는 측면 지퍼 입구가 적용된 직사각형 카고 포켓이 적용되었으며 겉면에는 휘장 부착을 위한 암벨크로가 적용되었다.
(5) IR반사 테이프와 벨크로 처리된 스트랩이 상박 포켓 상단에 적용되었다.
(6) 좌측 하박에는 펜 2개를 꽂을수 있는 펜꽂이가 적용되었다.
(7) 팔꿈치에는 내구성 보강을 위한 덧댐원단이 적용되었다.
(8) 후면은 3장의 원단으로 바이 스윙백 처리되었다.
(9) 휘장 부착 자리는 벨크로로 대체되었으며 계급장은 가슴으로 옮겨졌다.

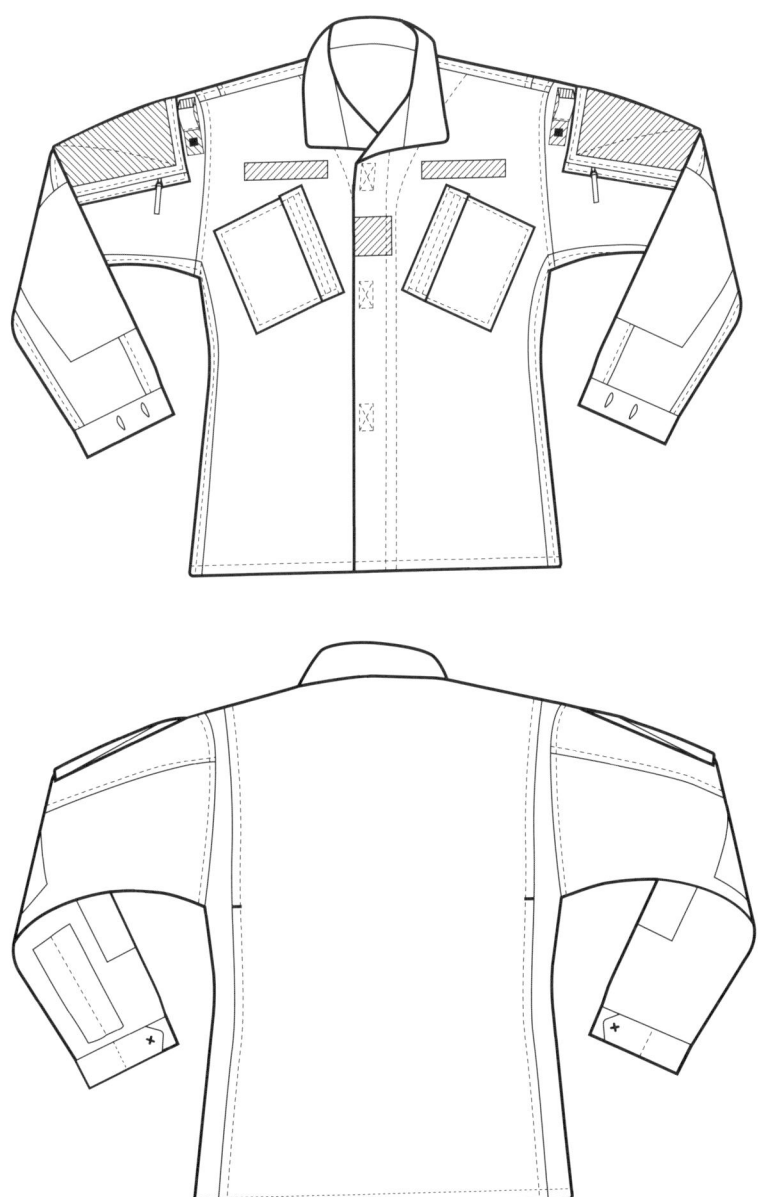

비　　고	규격 번호 GL/PD 14-05
의 복 명	Trousers, Army Combat Uniform
	Trousers, Army Combat Uniform – Flame Resistant
	(ACU 바지, FRACU 바지)
	3세대 ACU 바지, 3세대 FRACU 바지
도입연도	2014년
원단재질	Nyco 립스톱, 아라미드 혼방 립스톱(FRACU)
원단색상	UCP, OCP(멀티캠), OCP(스콜피온 W2)

ACU 바지의 세 번째 패턴으로 2014년 OCP와 함께 도입되었다. 새로운 위장 무늬의 적용 외에도 양쪽 무릎의 보호대 수납부가 BDU 이전의 덧댐원단으로 회귀했으며 허리 안쪽의 조임 끈과 카고 포켓 후면의 삭제되는 등 전반적으로 단순화되어 이전 BDU 바지가 연상되는 형태가 되었다.

2014년경부터 생산된 2세대 FRACU 바지도 동일한 패턴을 사용했으며 손목의 작은 정사각형 패치와 지퍼 고리에 적용된 방염 원단이 구분점이다.

UCP및 멀티캠이 적용된 변형도 극소수 생산되었다.

---

(1) 바지 여밈은 맨 윗 단추 외에는 히든 처리된 버튼 플라이가 적용되었다.
(2) 전면에는 사이드 포켓 한쌍이, 후면에는 히든 처리된 단추 2개로 고정되는 한쌍의 사각형 플랩 포켓이 적용되었다.
(3) 양쪽 허벅지에는 사선형 카고 포켓과 히든 처리된 단추 2개로 고정되는 사선형 뚜껑이 적용되었다. 카고 포켓 몸통 중앙에는 두 줄의 주름이 적용되었으며 후면에는 주머니 용적 조절을 위한 추가 단추 1개가 적용되었다.
(4) 양쪽 종아리 측면에는 소형 포켓이 적용되었다.
(5) 엉덩이와 양쪽 무릎에는 내구성 보강을 위한 덧댐원단이 적용되었다.
(6) 밑단 안쪽에는 납작한 나일론 조임 끈이 적용되었다.
(7) 원형 TAN색 플라스틱 단추가 적용되었다.

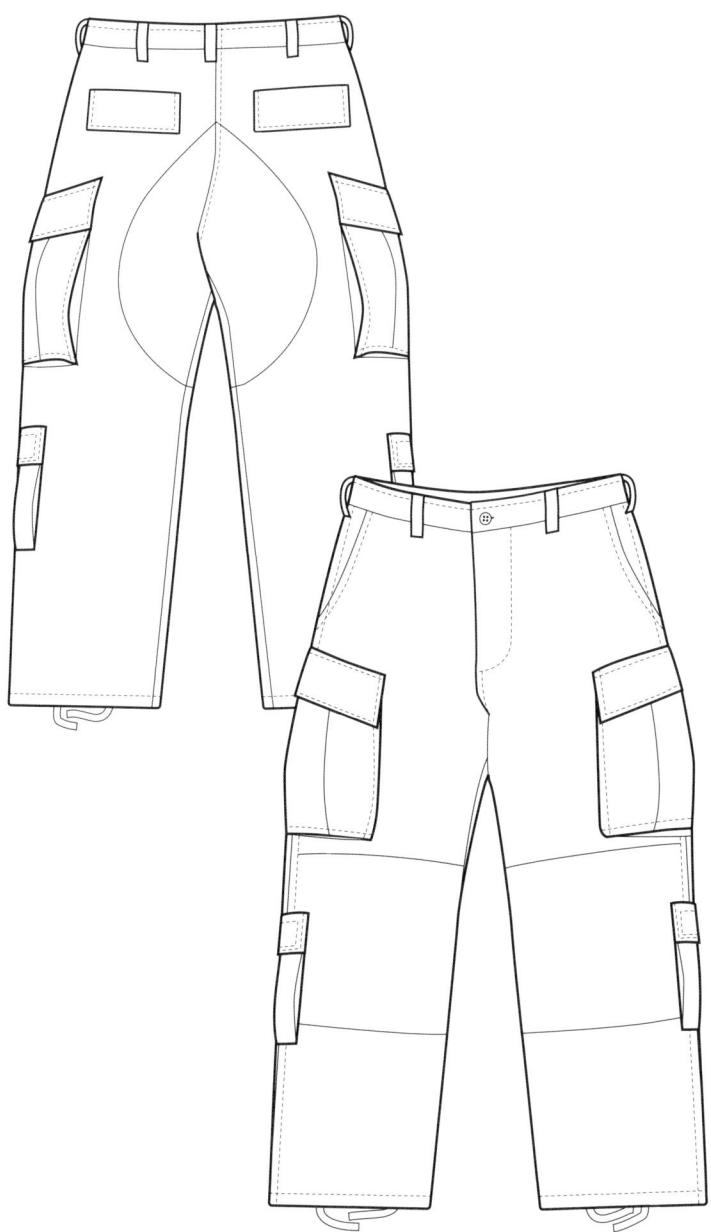

Section 06 - II
IHWCU
(Improved Hot Weather Combat Uniform)

의 복 명	Coat/Trousers, Improved Hot Weather Combat Uniform -Unisex
도입연도	IHWCU
원단재질	2019년
원단색상	Nyco 립스톱(나일론/면 57:43), 나일론(덧댐원단) OCP(Scorpion W2)

IHWCU는 기존 사계절용 ACU로도 버티기 어려울 정도로 더운 아시아의 덥고 습한 기후에서 사용하기 위한 열대/더운 날씨용 전투복으로 개발되었다. IHWCU에는 ACU에 사용된 Nyco 립스톱보다 가볍고 속건성이 뛰어난 혼방 비율 57:43의 5.8oz 나일론/면 립스톱 원단이 적용된 데다 여밈의 지퍼와 벨크로를 단추로 대체하고 어깨 주머니의 지퍼와 가슴 주머니를 삭제하는 등 무게를 최대한 줄여 ACU보다 매우 경량화된 전투복이 되었다.

IHCWU는 신병들에게는 ACU 보급 수량의 절반을 대체해 지급되었으며 기존 병력도 구매해 착용할 수 있었다. 도입 직후부터 IHWCU는 가볍고 뛰어난 착용감으로 전 세계에 주둔하는 많은 병사들의 사랑을 받았으며 현재도 지역이나 날씨에 구애받지 않고 널리 사용되고 있다.

OCP ACU와 마찬가지로 미 공군과 미 우주군에서도 2022년경을 전후해 착용이 허용되었다.

IHWCU를 착용한 미 육군 25보병사단 소속의 중위. (2020년대)

IHWCU 재킷
미 육군 중위의 전투복. 휘장 부착을 위한 벨크로 자리에 휘장을 직접 박음질해 부착했다.

IHWCU 바지

비 고	규격 번호 FQ/PD 14-04A
의 복 명	Coat, Improved Hot Weather Combat Uniform -Unisex IHWCU 재킷
도입연도	2019년
원단재질	Nyco 립스톱, 나일론(덧댐원단)
원단색상	OCP(Scorpion W2)

IHCWU는 ACU와 함께 사용되는 경량화된 열대/더운 날씨용 전투복으로, ACU의 Nyco 립스톱 원단보다 1파운드가량 가볍고 속건성이 뛰어난 새로운 혼방률의 Nyco 립스톱 원단과 경량화에 초점을 맞춘 전혀 새로운 패턴이 적용되었다.

단추식 앞섶 여밈, 벨크로와 단추로 고정되는 상박의 플랩 카고 포켓, 가슴 포켓의 삭제 등의 경량화 요소들이 적용되었으며, 전반적으로 얇아진 원단의 내구성 보강을 위해 팔꿈치에는 OCP가 인쇄된 나일론 덧댐원단이 적용되었다.

후면에는 어깨와 소매의 구분 선이 없는 래글런(Raglan) 형태가 적용되어 ACU의 바이스 윙백 형태에 비해 적은 질량의 원단을 사용하면서도 활동성을 보장했다.

---

(1) 나그랑 형태가 적용되었다.
(2) 폴드 다운 칼라와 단순화 된 단추식 커프스가 적용되었다.
(3) 앞섶에는 최 상단을 제외하고 히든 처리된 단추식 여밈이 적용되었다.
(4) 양 팔 상박에는 직사각형 카고 포켓과 벨크로와 단추 2개로 고정되는 뚜껑이 적용되었으며 겉면에는 휘장 부착을 위한 암벨크로가 적용되었다.
(5) IR반사 테이프와 벨크로 처리된 스트랩이 상박 포켓 상단에 적용되었다.
(6) 팔꿈치에는 내구성 보강을 위한 나일론 덧댐원단이 적용되었다.
(7) 휘장 부착 자리는 벨크로로 대체되었으며 계급장은 가슴으로 옮겨졌다.

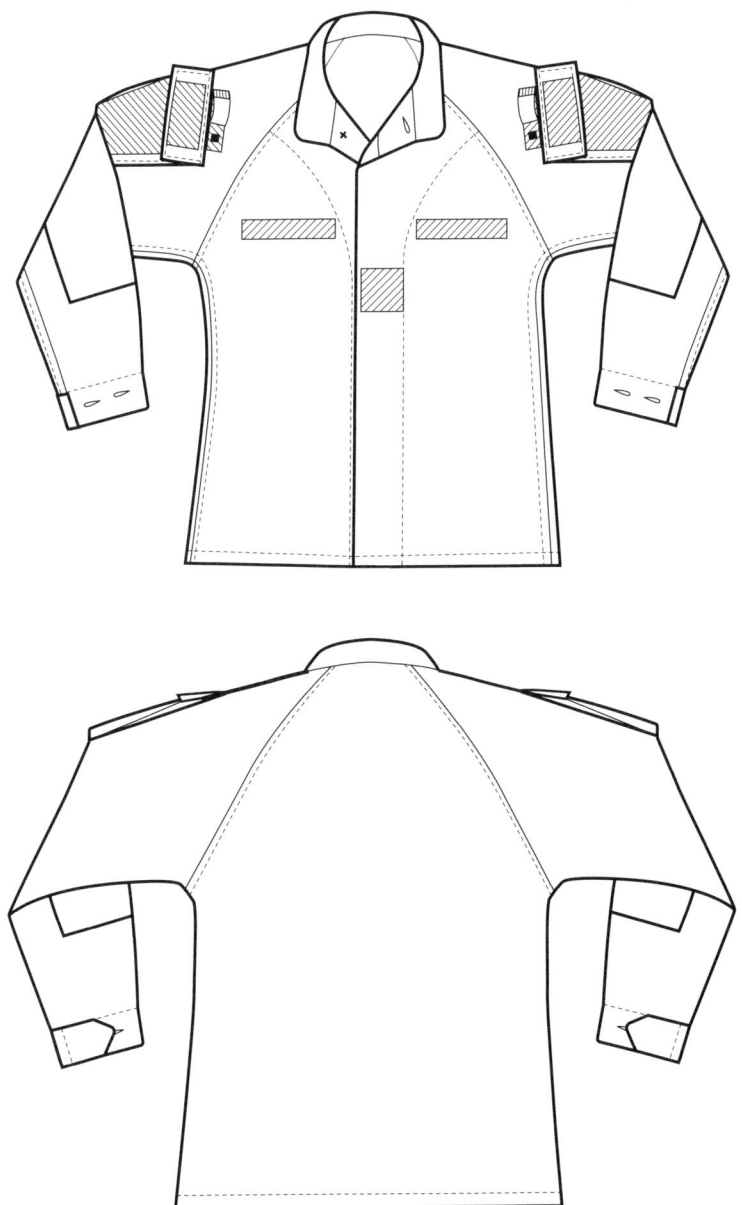

비 고	규격 번호 GL/PD 15-05E
의복명	Trousers, Improved Hot Weather Combat Uniform –Unisex IHWCU 바지
도입연도	2019년
원단재질	Nyco 립스톱, 나일론(덧댐원단)
원단색상	OCP(Scorpion W2)

IHCWU는 ACU와 함께 사용되는 경량화된 열대/더운 날씨용 전투복으로, ACU의 Nyco 립스톱 원단보다 1파운드가량 가볍고 속건성이 뛰어난 새로운 혼방률의 Nyco 립스톱 원단과 경량화에 초점을 맞춘 전혀 새로운 패턴이 적용되었다.

주름의 수가 줄어들어 보다 단순화된 형태의 카고 포켓이 적용되었으며 전반적으로 얇아진 원단의 내구성 보강을 위해 무릎과 엉덩이에는 OCP가 인쇄된 나일론 덧댐원단이 적용되었다.

(1) 바지 여밈은 맨 윗 단추 외에는 히든 처리된 버튼 플라이가 적용되었다.
(2) 전면에는 사이드 포켓 한쌍이, 후면에는 히든 처리된 단추 2개로 고정되는 한쌍의 사각형 플랩 포켓이 적용되었다.
(3) 양쪽 허벅지에는 직사각형 카고 포켓과 히든 처리된 단추 2개로 고정되는 직사각형 뚜껑이 적용되었다. 카고 포켓 몸통 중앙에는 한 줄의 주름이 적용되었다.
(4) 양쪽 종아리 측면에는 소형 포켓이 적용되었다.
(5) 엉덩이와 양쪽 무릎에는 내구성 보강을 위한 나일론 덧댐원단이 적용되었다.
(6) 양쪽 무릎의 나일론 덧댐원단에는 활동성을 위한 두쌍의 다트가 적용되었다.
(7) 밑단 안쪽에는 납작한 나일론 조임 끈이 적용되었다.
8) 원형 사막색(OCP) 플라스틱 단추가 적용되었다.

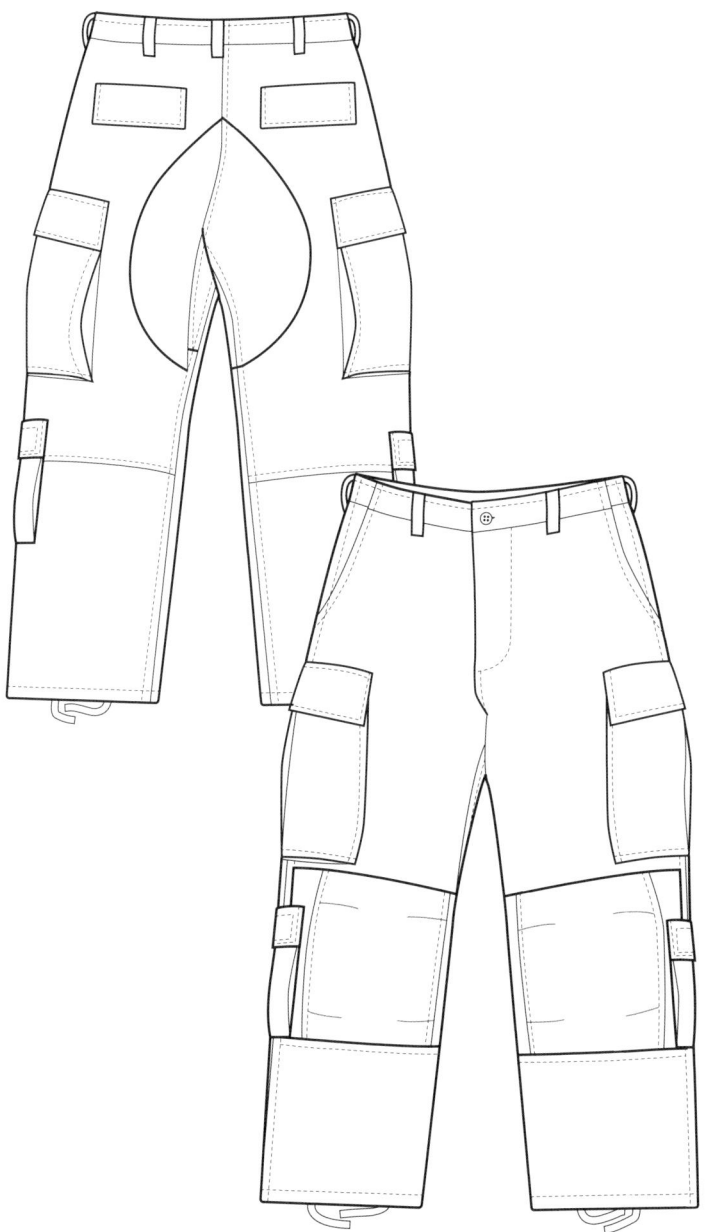

미 육군 퍼티그 유니폼 연표

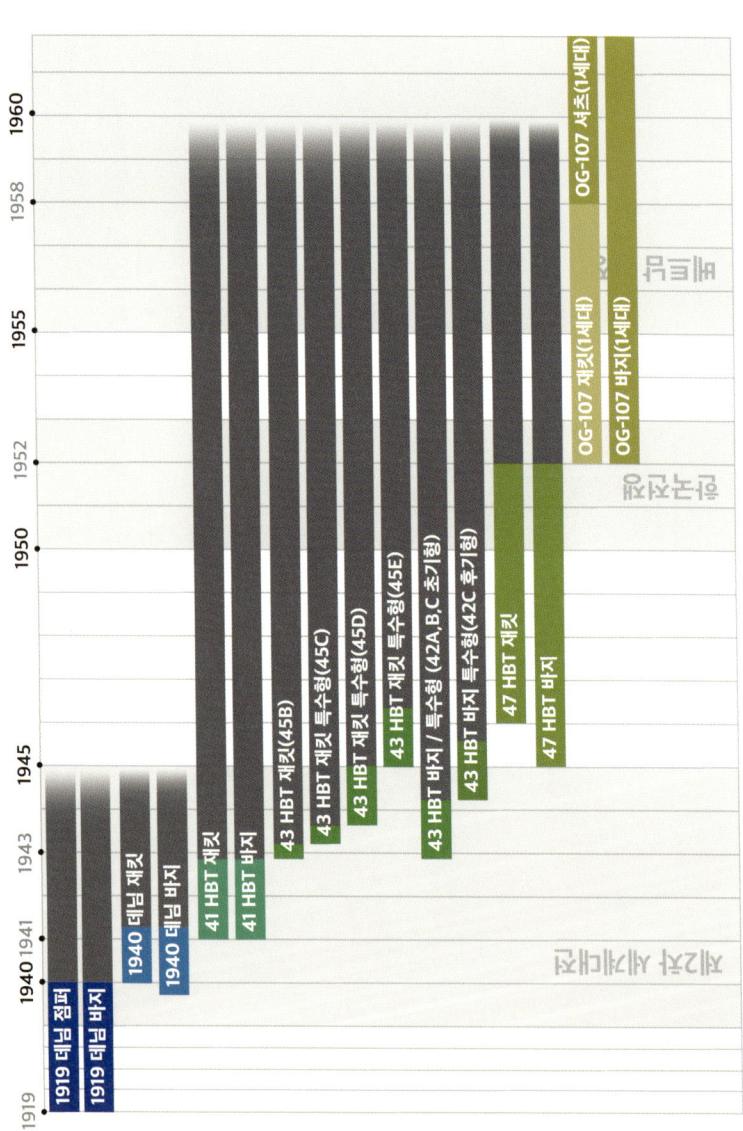

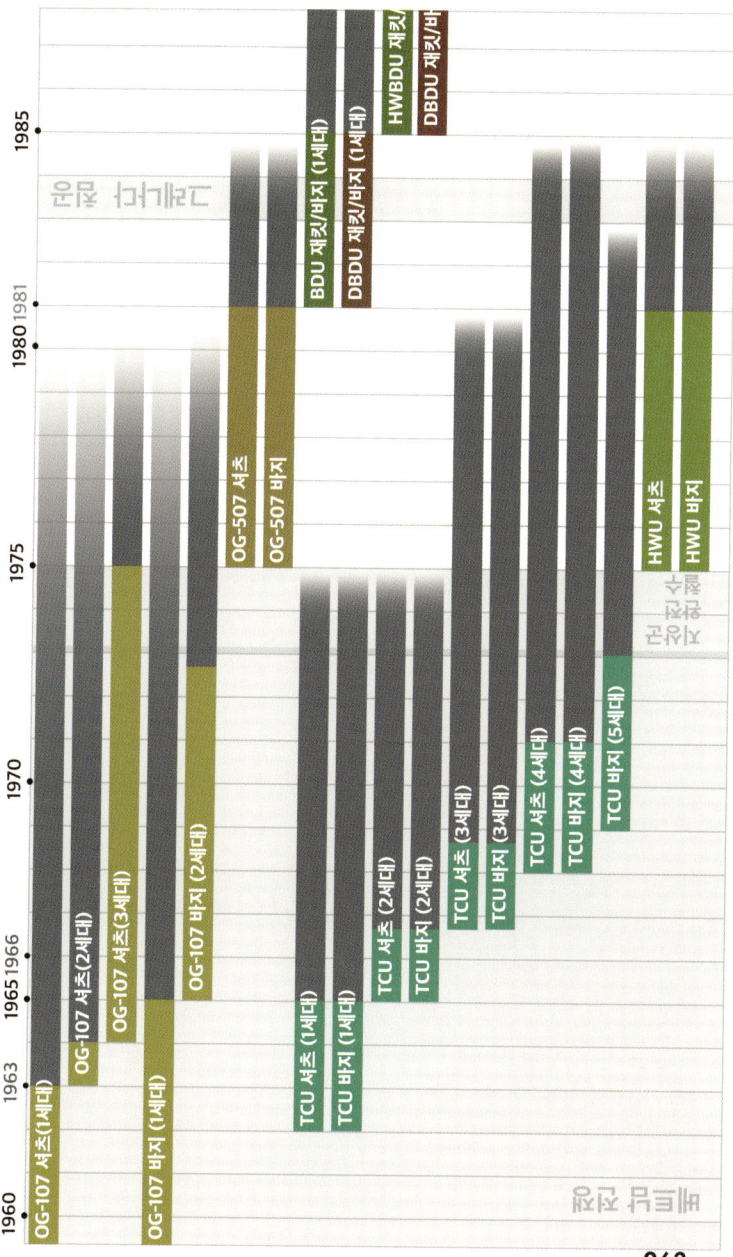

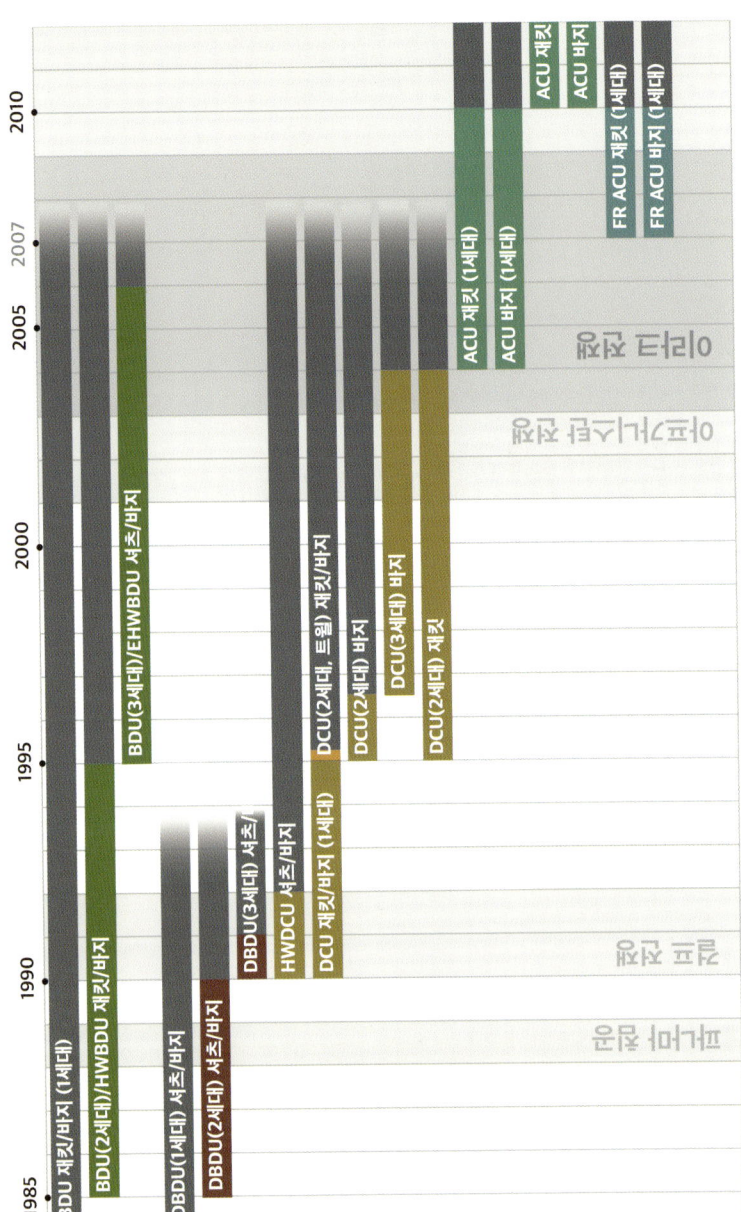

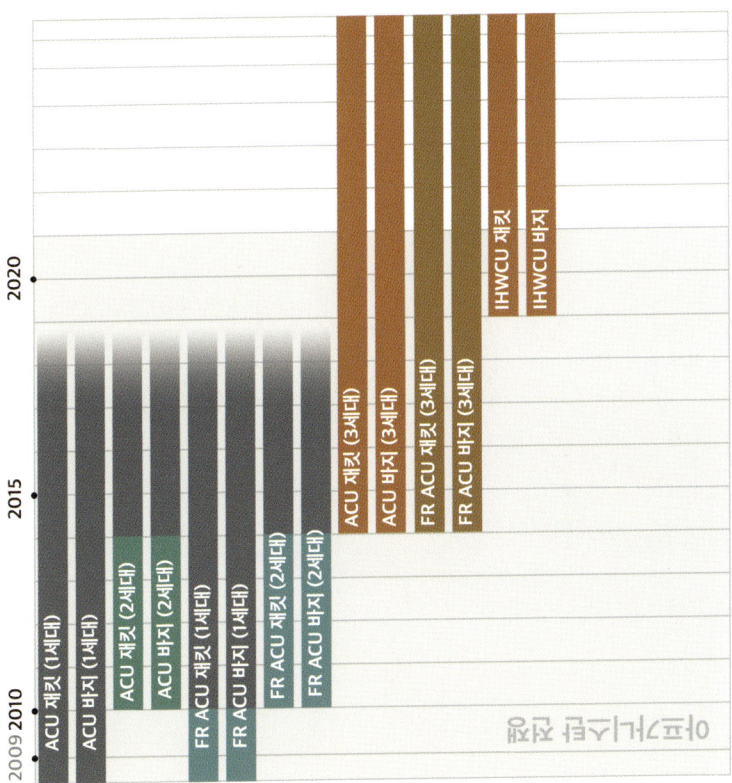

265

참고문헌

Book

Shelby Stanton (1994). U.S. Army Uniforms of World War II. Stackpole Books.

Shelby Stanton (1994). U.S. Army Uniforms of the Cold War : 1948-1973. Stackpole Books.

Shelby Stanton (1992). U.S. Army Uniforms of the Korean War. Stackpole Books.

Shelby Stanton (1988). U.S. Army Uniforms of the Vietnam War. Stackpole Books.

Shelby Stanton (1986). Vietnam Order of Battle. Galahad Books.

Charles Lemons (2014). Uniforms of the US Army Ground Forces 1939-1945, Volume 4, Denim and HBT Clothing. Lulu.com.

Headquarters Army Service Forces (1946). Army Service Uniform Catalog QM-3-1. Headquarters Army Service Forces.

United States Army (1946). / QMC Historical Studies no. 13-17 (1946-47) : Laundry and Related Activities of The Quartermaster General. Historical Section Office of the Quartermaster General.

War Department (1944). TM 3-290 Miscellaneous Gas Protective Equipment. War Department.

Headquarters Department of the Army(2005). Army Regulation 670-1 : Wear and Appearance of Army Uniforms and Insignia. Headquarters Department of the Army.

U.S. War Department(1943). FM21-30 Military Symbols (Oct.1943). U.S. War Department.

U.S. War Depatment(1944). Flag texts TM12-427 Military Occupational Classification of Enlisted Personnel. U.S. War Department.

H. A. Ogden(1998). Uniforms of the United States Army, 1774-1889, in Full Color. Dover Publications. Inc.

Headquarters Department of the Army(2005). Wear and Appearance of Army Uniforms and Insignia. Headquarters Department of the Army.

Headquarters Department of the Army(2014). Wear and Appearance of Army Uniforms and Insignia. Headquarters Department of the Army.

Erna Risch, Chester L. Kieffer(1955). The Quartermaster Corps: Organization, Supply History. US Army Center of Military History.

William F. Ross, Charles F. Romanus(1965). THE WAR AGAINST JAPAN. US Army Center of Military History.

William F. Ross, Charles F. Romanus(1965). THE QUARTERMASTER CORPS: OPERATIONS IN THE WAR AGAINST GERMANY. US Army Center of Military History.

Lieutenant General Joseph M. Heiser, Jr.(1974). LOGISTIC SUPPORT Department of the Army.

Karl E. Cocke, James S. Nanney, Detmar H. Finke, Edgar F. Raines, Jr.,James E. Hewes, Jr., Paul J. Scheips, Billy C. Mossman(1988). Department of the Army Historical Summary - Fiscal Year 1981. US Army Center of Military History.

Karl E. Cocke, William Gardner Bell, James E. Hewes, Jr, Young Gill Chang, Edgar F. Raines, Jr, Dwight D. Oland(1988). Department of the Army Historical Summary Fiscal Year 1982. US Army Center of Military History.

Dwight D. Oland(1995). Department of the Army Historical Summary Fiscal Year 1984. US Army Center of Military History.

Brigadier General James Lawton Collins, Jr.(1975). Development and Training of the South Vietnamese Army, 1950-1972. Department of the Army.

Headquarters Department of the Army(1992). Wear and Appearance of Army Uniforms and Insignia. Headquarters Department of the Army.

Headquarters Department of the Army(2005). Wear and Appearance of Army Uniforms and Insignia. Headquarters Department of the Army.

Headquarters Department of the Army(2014). Wear and Appearance of Army Uniforms and Insignia. Headquarters Department of the Army.

Department of the Air Force(2023). Memorandum for Distribution C SPFGM2023-36-01. Department of the Air Force.

Frag Out! Magazine(2017). Frag Out! Magazin #16. Frag Out! Magazine.

미즈노 요시코 저, 김수연 역(2019). 쉽게 배우는 주머니의 기초. 한스미디어.

Paper

Alvin O. Ramsley, Walter G. Yeomans (1962). *Psychophsycis of Modern Camouflage*. US Army Natick Research And Development Laboratories.

David Cole (2007). *Survey of US Army : Uniforms, Weapons, and Accoutrements*. US Army Medical Museum.

Comptroller General of the United States(1972). *United States Assistance To The Government Of Thailand For Deployment Of Thai Forces To Vietnam*. United States General Accounting Office.

Alvin O. Ramsely, William B. Bushnell (1981). *Development of the U.S. Woodland Battle Dress Uniform*. United States Army, Natick Research and Development Labartories.

Kevin Phillip Anastas(1983).*Demobilization and Democratizing Discipline: The Doolittle Board and the Post World War II Response to Criticism of the United States Army*. HQ Department of Army.

Fred R. Winsmann, Carolyn Bensel, Ralph F. Goldman, Kent B. Pandolf (1983). *Physiological and Subjective Evaluation of the Temperate Battle Dress Uniform (TBDU) and Three Other Uniforms Worn by Men and Women in Tropical Climatic Conditions*. United States Army Medical Research & Development Command of Army.

Stephen J. Kennedy, Alice F. Park(1968). *The Army Green Uniform*. U.S. ARMY Natick LABORATORIES.

Web

Cyclopedia of Congressional Budget Law.(n.d.). https://budgetcounsel.com/cyclopedia-budgetica/cb-fiscal-year/.

Military History Encyclopedia.(n.d.). Military History Encyclopedia on the Web. http://www.historyofwar.org/.

Army Times.(n.d.). Tired of sweating in your ACUs? Try these new hot-weather cammies. https://www.armytimes.com/news/your-army/2019/06/26/tired-of-sweating-in-your-acus-try-these-new-hot-weather-cammies/.

Army.miil.(n.d.). ACU pattern officially retired; new uniform improvements on the way. https://www.army.mil/article/228411/acu_pattern_officially_retired_new_uniform_improvements_on_the_way/.

Military.com.(n.d.). Army to Begin Testing New Jungle Uniform Next Year. https://www.military.com/daily-news/2017/08/10/army-to-begin-testing-new-jungle-uniform-next-year.html/.

Robert Henderson, Keith Raynor(n.d.). British Army Fatigue Caps during the War of 1812. https://www.warof1812.ca/foragecaps.htm/.

Robert Henderson(n.d.). Elegance or Comfort: Breeches and Trousers in the British Army, 1803-1815. https://www.warof1812.ca/trousers.htm/.

George Breitman(n.d.).Doolittle Board Advocates Policy of Limited Reforms. https://www.marxists.org/history/etol/writers/breitman/1946/06/doolittle.html/.

Major John Alger(n.d.). The Objective Was a Volunteer Army. https://www.usni.org/magazines/proceedings/1970/february/objective-was-volunteer-army/.

The National WWII Museum(202(1). Military Service and the Draft Post-World War II. https://www.nationalww2museum.org/war/articles/military-service-and-draft-post-world-war-ii/.

Army.mil(n.d.). Creation of the Women's Army Corps. https://www.army.mil/women/history/wac.html/.

Special-warfare(n.d.).   UNIFORM COMPOSITIONS FOOT WEAR. http://www.special-warfare.net/database/300_individual_equipments/tactical_gear_02_uniform.html/.

James Joyner(2010). Army Drops Velcro for Buttons. https://outsidethebeltway.com/army-drops-velcro-for-buttons/.

James(2024). Wartime Blues Part 2 - Denim Uniforms of the U.S. Army. https://www.heddels.com/2023/06/wartime-blues-part-2-denim-uniforms-of-the-u-s-army/.

Erik Ledbetter(n.d.). Fatigues 1933-1942. https://sites.google.com/view/ccc-uniforms/fatigues-1933-42/.

HAWTHRON(n.d.). History of Denim & the Origin of Jeans. https://www.hawthornintl.com/history-of-denim/.

vocabulary.com(n.d.). fatigues. https://www.vocabulary.com/dictionary/fatigue/.

Merriam-Webster(n.d.). The Tired History of 'Fatigue'. https://www.merriam-webster.com/wordplay/the-tired-history-of-fatigue/.

David Vergun(2020). First Peacetime Draft Enacted Just Before World War II. https://www.defense.gov/News/Feature-Stories/story/article/2140942/first-peacetime-draft-enacted-just-before-world-war-ii/.

Colonel Mark A. Olinger(2008). U.S. Army Mobilization During the Korean War and Its Aftermath. https://www.ausa.org/publications/us-army-mobilization-during-korean-war-and-its-aftermath/.

usww2uniforms(n.d.). Two-Piece Herringbone Twill Suit. http://www.usww2uniforms.com/ArmyUniformProfile_2PieceHBT41-42.html/.

usww2uniforms(n.d.). Enlisted Men's Khaki Cotton Uniform (1941-42). http://www.usww2uniforms.com/ArmyUniformProfile_EM_KhakiCottonFieldDismounted41-42.html/.

Dr. Stephen J. Kennedy(n.d.). The Army Dressed Up. https://www.quartermasterfoundation.org/the-army-dressed-up/.

Alex Valia(2024). US ERDL & Woodland Camouflage Patterns 1948-1981. https://omegamilitaria.com/blogs/reference-guides/us-leaf-woodland-camouflage-patterns-1948-1981/.

Mash co.(n.d.). OG107 Satten Shirts 50s-70s. https://www.mash-japan.co.jp/moc/collection/og107_shirt/history/index.html/.

Spc. Danielle Gregory(2013). ACU-Alternate uniform offers more fit options. https://www.army.mil/article/106924/acu_alternate_uniform_offers_more_fit_options/.

Guy Cramer(n.d.). U.S. Army Camouflage Improvement Explained. https://www.hyperstealth.com/camo-improvement/index.html/.

Guy Cramer(2013). U.S. Army Scorpion Camouflage. https://www.hyperstealth.com/scorpion/index.html/.

ArmyTimes(2014). Changes to your combat uniform. https://www.armytimes.com/news/your-army/2014/08/12/changes-to-your-combat-uniform/.

The Nation's Logistics Combat Support Agency(2020). DLA provides lighter hot-weather uniform to Army recruits. https://www.dla.mil/About-DLA/News/Energy/Article/2396028/dla-provides-lighter-hot-weather-uniform-to-army-recruits/.

The Nation's Logistics Combat Support Agency(2021). Air Force releases additional dress and appearance changes. https://www.af.mil/News/Article-Display/Article/2725753/air-force-releases-additional-dress-and-appearance-changes/.

United States Forces Korea(n.d.). DLA provides lighter hot-weather uniform to Army recruits https://www.usfk.mil/Media/Press-Products/Press-Releases/Article/3245492/space-force-activates-component-field-command-for-us-forces-korea/

PublicResourceOrg. (2011). Big Picture: Drill Sergeant[Video]. YouTube. https://www.youtube.com/watch?v=QoJW6F_wgXk

US National Archives. (2015). Overseas Activity, 1941--Reel 1[Video]. https://www.youtube.com/watch?v=w9qgFqDkxMo

US National Archives. (2014). Training During Combat, Reel 5[Video]. YouTube. https://www.youtube.com/watch?v=YeGkr1LS4G4

US National Archives. (2014). Training During Combat, Reel 6[Video]. YouTube. https://www.youtube.com/watch?v=8Dy9PuVy5qw

DMZ (https://armyshade.exblog.jp/)

VietnamGear.com(vietnamGear.com)

FATIGUE
미군 퍼티그 유니폼 가이드 1919-2019
개정2판

Author	Yusang Pak
Editing	Yusang Pak
Photography	Yusang Pak
Graphic design	Yusang Pak
Published by	OLDSCHOOL PUBLICATIONS
	TEL +82 10-2954-3564
	rasmpark@gmail.com
	@oldschoolpublications
ISBN	979-11-971709-5-9
Retail price	29,000 KRW
First Edition	Oct 2024
Second Edition	Jan 2025

Copyright © 2024, Yusang Pak All rights reserved.

No part of this book may be reproduced in any form on by an electronic or mechanical means, including information storage and retrieval systems, without permission in writing from the publisher, except by a reviewer who may quote brief passages in a review.